南京博物院 编

帝國 The Russia & 盛世 The Qing

AGES OF EMPIRES

沙俄与大清的黄金时代

译林出版社 博书堂文化

序一

2015年11月，我和广东省博物馆的魏峻馆长在山西博物院石金鸣院长的带领下，访问了位于莫斯科红场旁的俄罗斯联邦国立历史博物馆。该馆琳琅满目的展品和储存了大量藏品的库房给我们留下了深刻的印象。俄罗斯的历史悠久辉煌，特别是强盛的沙俄帝国所遗留下来的丰富多彩且极具异质特色的文物，会满足中国观众对俄罗斯文化和艺术的向往。于是，我们三家博物馆决定携手合作，共同引进关于沙俄帝国的展览，此举获得了俄罗斯联邦国立历史博物馆阿里克谢·列维金馆长和塔玛拉·依古姆诺娃副馆长的同意和支持，商定借展不少于300件精美的俄罗斯文物。

于是，创意展览策划分别在三馆展开。根据南京博物院特展馆临展厅空间高及拥有大量馆藏清宫文物的特色，我院策展团队决定延续对比展这一观众喜爱的形式，以对比的视角，在同一个空间里展现同时期的两段帝国盛世——彼得一世、叶卡捷琳娜二世等沙皇统治下的沙俄“黄金时代”和康熙、雍正、乾隆为代表的大清“康乾盛世”，让观众去体味两个王朝的灿烂辉煌。展览的定名“帝国盛世——沙俄与大清的黄金时代”，也是我院策展团队经过三个多月的微信群头脑风暴和两次会议讨论后的决定。

展览分两个部分，第一部分为“君临天下”，讲述强权下的“皇家威仪”“文治武功”“天工神韵”；第二部分为“阅尽繁华”，讲述盛世下的富足生活和艺术成就，包括“富贵气象”“精致品格”“锦衣风范”。文物涉及帝王肖像、宫廷陈设、贵族服饰、首饰珠宝、生活器具、绘画雕塑等，共有来自俄罗斯联邦国立历史博物馆、南京博物院、故宫博物院的五百余件宫廷珍宝和华美器物，演绎帝国盛世及其文化传承。

关于展览的策划和营销，我想再次说明的是“策展人＋一个团队”的南京博物院展览策划制度。用策展人的前期研究、创意思想和宏观控制，加上包括形式设计、展览制作、社教项目、文创产品、宣传推广、物业保卫等一个项目团队的帮助，来“多、快、好、省”地完成一个具有文化创意产品性质的展览，是我们坚持努力的目标。而对比展的形式在创意展览方面，有着策展人创造力高涨和赢得公众特别认可的显著优势。2013年和苏格兰皇家古代与历史遗迹委员会联办的“双城记”是我院的第一个对比展，讲述了南京和爱丁堡两座城市的文化与故事，很有特色。在展览营销方面，我们希望通过自己的努力，尽量少使用或不使用财政资金，通过博物馆人的努力，通过公众的理解，用公益性、低票价、非营利、广泛推广的方式，去办好一个高品质的、观众喜爱的展览。2016年举办的“法老·王——古埃及文明和中国汉代文明的故事”，是我院自2008年全面免费开放以来推出的首个收费特展，赢得了公众的高度认可，收获了良好的社会效益。其间的创造性劳动成为这样的创意展览中最主要、最关键的内容。

本次展览我们也将沿用以上做法。

感谢俄罗斯联邦国立历史博物馆的大力支持，使我们在南京也能欣赏到沙俄帝国黄金盛世的璀璨文明；感谢山西博物院的石金鸣院长，带领我们共同实现引进俄罗斯重要展览的理想；感谢我院展览团队的精心策划与设计制作，完成了又一个能让各方满意的创意展览。

让我们共同努力，祝展览取得成功！

龚 良

江苏省文化厅副厅长

南京博物院院长

2017年6月

Foreword

In November 2015, led by Mr. Shi Jinming, Director of Shanxi Museum, Mr. Wei Jun, Director of Guangdong Provincial Museum, and I paid a visit to the State Historical Museum of Russia located at the northern end of the Red Square in Moscow. The museum greatly impressed us with the broadly varied exhibits in the galleries and the vast number of collections in its storage. Russia's long and glorious history, and especially the rich and enormously distinguishing relics that the Russian Empire has left, strongly appeal to Chinese audiences who have great admiration for Russian culture and art. The three museums of us then decided to work together to bring in an exhibition focusing on the Russian Empire. This proposal received support from Mr. Alexey Levykin and Ms. Tamara Igumnova, Director and Deputy Director of the State Historical Museum, who agreed on a loan of no less than 300 objects from their collection.

The curatorial work was conducted respectively in the three museums. In Nanjing Museum, considering our rich collection from the Qing court, our curatorial team decided to continuously adopt the comparative approach to the exhibition theme, a curatorial model that has been greatly appreciated by our audience. The golden ages of two empires – the rules of tsars such as Peter I the Great and Catherine II the Great of the Russian Empire and the reigns of Emperors Kangxi, Yongzheng and Qianlong of the Qing Empire – will be juxtaposed in one exhibition for audience to experience. The exhibition is entitled *Ages of Empires: The Russia and The Qing*, a result from the curatorial team's three months of brainstorms on WeChat and passionate discussion in two meetings.

The exhibition contains two major parts. The first part "Imperial Glory" presents the "Royal Dignity", "Cultural and Military Achievement", and "Religious Art" under the imperial authority. The second part "Flourishing Splendor", through sections of "Architecture and Decorative Art", "Art and Aesthetics", and "Clothing and Fashion", manifests the wealthy life and artistic achievements in these golden ages. Over five hundred imperial treasures and artworks from the State Historical Museum of Russia, Nanjing Museum, and the Palace Museum, including portraits, decorative ornaments, costumes, jewelries, daily utensils, paintings and sculptures, paint a picture of the historical and cultural splendor of the two empires.

Regarding the exhibition's curation and marketing, I would underscore the "curators + the team" model that has been applied in Nanjing Museum's curatorial practice, in which the pre-research, creative ideas and management work of the curators are supported by the teamwork of exhibition designing and production, education programs developing, merchandising, publicizing, and logistics and security assistance. With this model in practice, our ultimate goal, which we are persistently pursuing, is to produce an exhibition that is a creative cultural product by nature with "greater, faster, better, and more economical results". The comparative approach has been proved to have boosted curators' creativity and is greatly welcomed and enjoyed by audience. Nanjing Museum's attempt in adopting a comparative approach in curation started in 2013 with the *A Tale of*

Two Cities exhibition co-created with Historic Environment Scotland, which tells the stories of Edinburg and Nanjing. In terms of cost coverage, we try to be less dependent on governmental funding but more rely on self-funding, which is achieved through our efforts in providing high-quality exhibitions to win the audience's understanding and patronage. The *Pharaohs and Kings: Treasures of Ancient Egypt and China's Han Dynasty* exhibition opened at Nanjing Museum in 2016 was the first time that Nanjing Museum charged an admission fee for its exhibitions since its free-admission practice launched in 2008. The exhibition was well received by audience and society. The creative work involved in the curation process of exhibitions of such was recognized as the most important and valuable part.

We follow this practice in developing *Ages of Empires*.

I thank the State Historical Museum for their great support, which made the splendid culture of the golden age of the Russian Empire accessible by local audience in Nanjing. I thank Director Shi Jinming, whose leadership turned the idea of bringing in important loans from Russia into a reality. I thank Nanjing Museum curatorial team, whose professionalism and commitment have yield another satisfying exhibition.

Wish the exhibition a great success.

Gong Liang
Vice Director of the Department of Culture of Jiangsu Province
Director of Nanjing Museum
June 2017

序二

此次展览中俄方的展品均来自俄罗斯联邦国立历史博物馆。我馆是俄罗斯联邦馆藏文物最丰富的博物馆之一。

这些珍品向中国观众展示了俄罗斯帝国黄金时代的精神风貌、审美趣味与精湛工艺，反映了全盛时期的俄罗斯历史、艺术和生活，以及俄罗斯在世界历史发展进程中起到的巨大作用。这些精美的文物是俄罗斯历史鲜活的见证，可以让中国观众领略到另一番盛世景象。

本次展出的造型艺术作品由一系列黄金时代的人物肖像构成，包括历代沙皇、王公贵胄、政客将领、商人和农民等。同时展出的大量极富装饰性的日用器物，为展览注入了浓郁的生活气息，也有助于观众理解黄金时代俄罗斯帝国的主流艺术。

展出的文物种类丰富，有陶瓷、珠宝、贵金属器、玻璃、丝织品和木制品等。这些异彩纷呈的艺术瑰宝让中国观众有机会一睹俄罗斯工匠的高超技艺，感受那个时代俄罗斯人的审美品位，激起观众对美好事物的向往之情。

此次展览合作是中俄友好关系的见证，展品之精美、数量之繁多又承载了更深远而特殊的意义。

阿里克谢・列维金
俄罗斯联邦国立历史博物馆馆长
2017 年 6 月

Foreword

All the Russian exhibits included in this exhibition are selected from the collection of the State Historical Museum, one of the museums collecting the richest historical and cultural relics in the Russian Federation.

Through these exhibits the exhibition presents to the Chinese audience the spiritual pursuit, aesthetic taste and exquisite crafts of the Golden Age of the Russian Empire. It explores the history, art, and life of the Russian Empire in its high days and the signiflcant role that Russia played in the development of world history. As witness of the Russian history, these exquisite works of art compose a grand picture of the Russian Empire for the Chinese audience.

The artworks displayed in this exhibition include a series of portraits of tsars, nobles and aristocrats, politicians, merchants, and farmers during the Golden Age. Included are also a great number of daily objects with immense decorative appeal, adding a vivid breath of life to the exhibition and helping shape a better understanding of the mainstream Russian art.

The displayed exhibits feature a broad variety including ceramics, jewelries, metal works, glass ware, silk textiles and wood articles. These exotically flavored works of art may provide a chance for the Chinese audience to appreciate the highly skilled craftsmanship and the aesthetic taste of the Russian Empire and resonate with their enjoyment of beauty.

This exhibition embodies the friendship between China and Russia. The vastness in number and excellence in exquisiteness of the included works of art makes the exhibition a more remarkable one of its kind.

Alexey Levykin

Director of the State Historical Museum, Moscow, Russian Federation

June 2017

目录

CONTENTS

“帝国盛世”策展记

田甜

最初接到这个展览任务时，怎样找准展览视角、确定展览主题是大家讨论最为热烈的话题。“帝国盛世”展览中的俄罗斯展品为山西博物院、南京博物院、广东省博物馆三家单位共同引进的来自俄罗斯联邦国立历史博物馆的文物，其年代主要以18—19世纪为主。南京博物院拥有丰富的馆藏清宫文物，在年代上与俄罗斯帝国部分的展品可以对应起来，所以我们决定以对比展这种有趣的形式来重新组合和阐释这个展览。

展览主题初步确定后，我们组建了一支策展团队，包括内容策划、形式设计、社会教育、媒体宣传、文创产品开发、图书出版、对外交流、文物典藏、文物保护、物业保洁、安全保卫等方面的负责人员。展览主题在前期多次磨合之后，最终细化为以同一时期的帝国盛世为主线，以对比的视角再现两个帝国的皇家威仪、文治武功、宗教信仰、贵族生活、绘画艺术等内容。

经过五次正式的策展会议和历时八个月的精心准备，观众将在同一展厅中见证两个帝国璀璨夺目的皇家文化与艺术。

一、如何阐释皇家艺术

1. 文物遴选与解读。展览以彼得一世、叶卡捷琳娜二世统治下的俄罗斯帝国“黄金时代”和大清帝国的“康雍乾盛世”为时代背景，所以在文物的遴选上，我们尽量挑选精美而又有故事的文物，比如记录康熙皇帝第二次南巡所见的长卷《康熙南巡图》、雍正皇帝给年羹尧等官员下的一道针对其异母弟允禟的朱批谕旨、乾隆皇帝御题“活泼泼地”四字的宋徽宗《鸲鹆图》，以及辑刊俄罗斯人画像和文字题记的《皇清职贡图》等。同时为了与沙俄的帝王像对应，我们特意向故宫博物院商借了康熙、雍正、乾隆三位帝王的肖像，孝仪纯皇后朝服像，乾隆皇帝“古稀天子之宝”“八徵耄念之宝”印玺，以及乾隆时期演奏宫廷音乐的一套金编钟——它是故宫博物院仅存的两套完整金质乐器之一。在文物的解读上，有文字的我们一般会先释读，文物之间有组合关系的我们会展示，文物由谁拥有、如何使用以及围绕文物发生了哪些故事，这些我们都会努力地呈现出来。

2. 结构调整与完善。展览自策划以来，其结构不断得到修改与完善，由最初的主要体现皇家权力、精致生活与宗教艺术三个部分合并为两个部分。因为展厅面积有限，而对比展的内容体量大、展出文物多，如果展线的设计复杂则会显得零乱，所以展览结构最终被调整为两个部分：一是盛世下的皇权——“君临天下”，通过“皇家威仪”“文治武功”“天工神韵”三个单元分别展现两个帝国的礼仪典制、文化军政成就、宗教信仰与宗教艺术；二是盛世下的生活——“阅尽繁华”，通过“富贵气象”“精致品格”“锦衣风范”三个单元来对比不同文化背景下皇家和贵族的室内装饰艺术、精致生活与品位、服饰艺术与社交礼仪。

二、如何展示皇家气象

1. 展览的空间与布局。展览空间分为序厅和四个部分，以大块面的对比方式展现。序厅拉开整个展览的帷幕，观众对展览的第一印象由此开始，如何最直观地体现展览的主题信息、风格定位等显得尤为重要。序厅面积大，层高七米多，有条件营造出令观众感到震撼的视觉效果。在这样的空间里，如果将两座帝国宫殿的空间符号和帝王肖像相结合，同时在中心位置摆放几件最具代表性的精美文物，相信皇权的至尊和宫廷的奢华将得到突显。展览的参观流线为：序厅—“君临天下”（沙俄篇）—“君临天下”（大清篇）—“阅尽繁华”（沙俄篇）—“阅尽繁华”（大清篇），先让观众感受展览中最精华的部分，再让他们带着深刻的印象依次去了解和欣赏两个帝国的皇权与生活。

2. 展览的色彩与格调。1712 年，彼得大帝从莫斯科迁都圣彼得堡，冬宫成为俄罗斯帝国鼎盛时期的皇宫，选用冬宫宫墙的蓝色最能体现盛世之感。紫禁城作为明清两代皇宫，见证了王朝兴衰与政权更迭，紫禁城宫墙的红，既彰显了帝王的尊贵，又喻示着吉祥与喜庆。冬宫和紫禁城是凝聚了两个帝国皇家权力和审美艺术的代表性建筑，所以在展览的形式设计中，沙俄部分选用了冬宫宫墙的蓝，大清部分选用了紫禁城宫墙的红，而象征着荣耀的金色线条自由地穿插于两者之间。

三、如何传递皇家品位

1. 主题活动。本次展览的时间为 2017 年 6 月 10 日至 9 月 10 日，考虑到观众主要以学生、外地游客、年轻人以及亲子成员为主，如何将展览信息延伸到主题活动当中，让这些活动既充满趣味又不失皇家品位，是值得我们思考的问题。为展览开发的主题活动将针对不同受众，包括学前儿童、中小学生以及成年人等，特色项目主要包括：“剑走偏锋——纸质短剑 DIY”“蛋蛋变装记——复活节彩蛋 DIY”“宝髻瑶簪——清代发饰 DIY”“盘中生花——手绘皇家瓷盘”等。展览配套活动将会进行分众设计，突出其针对性。

2. 文创产品。文创产品的开发是展览的延续和博物馆教育的延伸，在支撑和有效推动展览宣传的同时，还能充分挖掘和讲述文物背后的故事，从而拉近展览与观众的距离，树立展览“可看、可玩、可用”的良好形象。本次重点开发的文创产品，创意源自两个帝国最具代表性的文物，其中的“帝国系列”，元素为沙俄的双头鹰和大清的龙，“皇室系列”主要包括俄罗斯帝国勋章、清康熙皇帝的御书《般若波罗蜜多心经》等。

3. 宣传推广。“帝国盛世”策展团队对于媒体宣传和推广尤为重视。展览海报的设计理念分多个层次逐步递进，涉及帝国对比、帝王像对比、宫廷建筑对比、珍贵文物对比等。为了增加传播率和识别度，展览的图书、海报、单页、门票与展厅设计采用统一的风格与色调。除了平面宣传，我们还制作了展览宣传短片，通过电视、网络和户外媒体投放。我们希望，这个暑期来南京博物院参观的人群中能够有 18%—20% 的观众走进“帝国盛世”展厅。

在此，我们感谢每一位参与“帝国盛世”展的工作人员，正是因为大家的共同努力和精诚合作，展览才能得以有效地策划与组织，同时感谢俄罗斯联邦国立历史博物馆和故宫博物院的大力支持，以及在展览筹备过程中给予我们帮助的山西博物院。

百年荣光

——沙俄与大清的黄金时代

谷建祥

沙俄的迅猛崛起，大清的盛极一时，成就了一个时代——封建社会最后的双重变奏。

一

历史上，斯拉夫人繁衍生息在广袤的东欧大平原上，与欧洲文化有着天然的亲缘关系。斯拉夫人分为东斯拉夫人（分布在俄罗斯、乌克兰、白俄罗斯等地）、西斯拉夫人（分布在波兰、捷克、斯洛伐克等地）、南斯拉夫人（分布在塞尔维亚、克罗地亚、斯洛文尼亚、保加利亚等地）。公元 862 年，受东斯拉夫人邀请而前来的罗斯人留里克，建立了诺夫哥罗德公国，标志着“留里克王朝”的开始并从此绵延 700 多年，俄罗斯文明的帷幕就此正式拉开。留里克并不是斯拉夫人，而是一个诺曼人，是一个生活在北欧瑞典一带的海盗。诺曼人也就是“北方人”，属于 8—11 世纪生活在北欧主要以航海、掠夺为生的日耳曼人，芬兰人称诺曼人为罗斯人，这就是“俄罗斯”的来历。

留里克的后继者，据说是姐夫或者妹夫的奥列格从诺夫哥罗德继续南下，占领了现在的乌克兰首都基辅，公元 882 年成立了基辅罗斯公国，渐渐剽悍起来的东斯拉夫人继续往南并差点灭掉拜占庭帝国（东罗马帝国）。

大约 100 年后，俄罗斯当时最有作为的统治者基辅公国的大公弗拉基米尔一世继续向南击败波兰和拜占庭帝国，并强行与后者的皇室联姻，随即又将东正教引入俄罗斯，使之成为国教，让全俄罗斯人成了上帝的子民，其本人则成为首位受洗的俄罗斯统治者，死后被天主教和东正教追认为圣徒。在弗拉基米尔一世引入东正教之后，从 10 世纪末到 13 世纪初的这二百多年里，俄罗斯人深深陷入窝里斗，基辅罗斯公国分裂成十多个小公国。

斯拉夫人的东邻是完全不同的另一个广阔天地，诸多强大的游牧民族集团兴起并驰骋于这片肥美的大草原上。当成吉思汗铁木真的子孙一路向西高歌猛进之时，整个欧亚大陆上，俄罗斯首当其冲，变成了蒙古人的附属国，蒙古人在这里建立了四大汗国之一的金帐汗国，即位于最西边的钦察汗国，另外三大汗国从西往东分别是伊儿汗国、察合台汗国、窝阔台汗国。

对于俄罗斯人来说幸运的是，在蒙古人的铁蹄下他们保留了一定的自治权。14 世纪初，以莫斯科为中心的莫斯科公国俨然成为斯拉夫人对抗蒙古人统治众望所归的领袖。当时俄罗斯的统治者伊凡一世，获得了替蒙古人收税的权力，被称为“钱袋伊凡”。1359 年，伊凡二世的儿子德米特里·伊凡诺维奇继任莫斯科大公，之后他富国强兵，和蒙古人之间一直小摩擦不断，分别在 1368 年与 1370 年两次击败依附于蒙古人的立陶宛大公，1375 年围困特维尔城，并迫使其与莫斯科公国联盟，1378 年又击败梁赞大公和蒙古的鞑靼军队。1380 年 9 月 8 日，德米特里率领俄罗斯联军，在顿河流域的库里科沃原野上，与由当时金帐汗国的实际统治者马麦汗率领的蒙古鞑靼军队展开决战，最终打败蒙古人，打破了蒙古军队不可战胜的神话，德米特里也因此被尊称为“顿斯科伊”，意为“顿河上的英雄”。

随着德米特里的这场胜利，斯拉夫人朝着摆脱奴役、走向独立迈进了一大步。然而好景不长，仅仅 3 年后，莫斯科公国就又被已经吞并了金帐汗国的来自白帐汗国的脱脱迷失汗重新占领，独立的希望再次沉沦在历史的长河中。

俄罗斯人强烈的民族优越感与历史上的一次特殊事件有着密切关系。1472 年，当时的莫斯科大公迎娶了拜占庭的末代公主，此后俄国的统治者们开始以罗马帝国的继承人自居。他们继承了罗马皇帝“双头鹰”的徽章。今天这个徽章被确定为俄罗斯的国徽。在 1453 年奥斯曼帝国攻占君士坦丁堡之后，拜占庭帝国灭亡，末代皇帝君士坦丁十一世的弟弟带着女儿索菲娅·帕里奥洛格斯逃到了罗马。最终在教廷的撮合下，这位索菲娅公主远嫁给了一直以来被欧洲人认为是和蒙古鞑靼人一样野蛮的俄罗斯人的统治者伊凡三世。

罗马教廷的考虑是伊凡三世手里有蒙古人的征税权，克扣的钱可以分自己一部分。伊凡三世考虑的是从此俄罗斯王室就和欧洲王室联姻了，并且自己有了拜占庭帝国，相当于是古罗马帝国的合法继承权。而索菲娅公主考虑的则是，与其以一个落魄王室的身份默默在罗马避难等死，不如去东欧苦寒之地拼一把，结果她确实拼成功了。

索菲娅公主给俄罗斯带来了很多重要的变化：旧称罗斯改为俄罗斯，在俄罗斯贵族中普及宫廷礼仪，让拜占庭帝国的“双头鹰”成为俄罗斯的标志，俄罗斯从此自称“第三个罗马”。

简而言之，伊凡三世是一个承上启下的重要分水岭。在他之前的俄罗斯主要是莫斯科公国，靠替蒙古人收税中饱私囊在夹缝中发展壮大。到伊凡三世时迎娶了拜占庭帝国的末代旁系公主赢得了罗马教廷的支持，又非常幸运地在兵不血刃的乌格拉河大对峙中击败蒙古统治者，获得了真正的俄罗斯独立。50 年后，他的孙子伊凡四世（雷帝）开始自称“沙皇”，俄罗斯进入了沙皇统治的时代。

1547 年，伊凡雷帝 16 岁，1 月正式加冕沙皇，2 月迎娶了俄罗斯历史上非常重要的一位女子——阿娜斯塔西娅·罗曼诺芙娜。伊凡雷帝死后，由其长子继位，他在位 14 年碌碌无为，也没有留下子嗣。接下来是十多年的动荡不安，有贵族篡权、假太子继位、外敌入侵、联合执政，可谓混乱不堪。终于，掌权的贵族们找到一个留里克王朝的皇室后裔——米哈伊尔·罗曼诺夫，并从此开创了俄罗斯历史上第二个，也是最后一个王朝——罗曼诺夫王朝。

米哈伊尔·罗曼诺夫是伊凡雷帝 16 岁时娶的阿娜斯塔西娅·罗曼诺芙娜的侄孙，也是为数不多的自己不想当、不敢当沙皇却被迫当了沙皇的俄罗斯最高统治者。当时俄罗斯完全是一个烂摊子，内忧外患，前景堪忧。两个王朝中间只隔了 15 年，死了 6 个沙皇，平均每两年半自相残杀一个。登基时米哈伊尔才 17 岁，还没结婚，面对一个很可能活不到 20 岁的职位，自然心存惶恐。不过他运气颇佳，在位时间长达 32 年。米哈伊尔之后，阿列克谢一世和费奥多尔三世先后继位。费奥多尔三世 47 岁病逝，由于权力争斗，他的儿子 16 岁的伊凡五世和 10 岁的彼得一世同时继任新沙皇。

由于伊凡五世性格懦弱，彼得一世年龄尚小，伊凡五世的同胞姐姐索菲娅公主成为当时实际上的统治者。7 年后，彼得一世把索菲娅公主成功地投进了修道院，真正登上权力的顶峰。

17 世纪时，欧洲许多国家发展迅速，而俄国农奴制度还在盛行。为了效法西方，彼得一世在 1697 年派遣使团赴西欧考察，自己也化名随团出访，回国后实行了一系列改革，史称“彼得一世改革”，在政治、军事、经济、科学、文化等方面提高了俄罗斯的实力。1721 年，彼得一世宣布俄罗斯为帝国；叶卡捷琳娜二世时期，全面承袭了彼得一世的既定方针，审时度势，俄罗斯的领土得到空前的扩张，被称为“帝国的黄金时期”。

彼得一世在位的 43 年里，以其雄才大略加速了俄国近代化和开疆拓土的历史进程，开启了近代意义上的俄罗斯帝国的大门。1697 年，他乔装改扮成俄军下士彼得，随同俄国使团出国考察，先后在荷兰、英国等国学习城市建设、造炮、造船和航海，并在荷兰赞丹造船厂获得优秀技师称号。在英国，他和牛顿有过交往，与他讨论了科学方面的问题。他参观博物馆、音乐厅及各种文化艺术场所。在世界历史上，还从来没有一个大国的君主能像彼得一世这样，远涉重洋去国外吸取先进的科学文化知识。回国后，彼得一世开始仿效西欧发达国家，以军事为中心实行一系列改革。由于他积极鼓励俄国西方化，并鼓励废除包括蓄胡须和穿着冗杂的长袍在内的诸多礼节，彼得一世一般被看作是罗曼诺夫王朝的最初奠基人和开化的代名词。俄国的第一家兵工厂、第一家报馆都是在他的倡导下成立的。由于彼得一世的革新，俄国迅速发展成为东欧的强国。17 世纪的俄国是一个远离海洋的内陆国家，彼得发动了长达 21 年之久的“大北方战争”（1700—1721），战胜瑞典，夺取了波罗的海出海口。1712 年，彼得一世迁都圣彼得堡，一心一意要雄视欧洲。在以后的日子里他又与波斯一决雌雄，获取了里海沿岸一带。彼得一世还打败奥斯曼帝国，夺取了黑海的出海口。他的东征西战，为俄罗斯占领了大片领土和海域。

在 1721 年，也就是在位近 40 年后，彼得一世称帝，宣布俄罗斯从大公国正式升级为帝国，放弃“全俄罗斯的君主、上帝加冕的神圣沙皇”这一从伊凡四世开始世袭的称号，而选择“皇帝”这一西欧君主国（如神圣罗马帝国）最高统治者的称号，借此象征罗曼诺夫王朝与西欧的各个国家具有相同的政治地位。虽然在中国半音半意的翻译下仍然保持了沙皇的叫法，但实际上其意义已经与伊凡四世时的沙皇完全不同。

1762 年，一位 33 岁的女性登上了沙皇的宝座，即叶卡捷琳娜二世。几乎是从登基时起，这位女皇就宣称自己是彼得大帝的继承者。她锐意改革，将俄罗斯帝国直接带入了全盛时期。

叶卡捷琳娜二世不仅漂亮，而且聪明，她认真学习俄语和俄罗斯上层的社交礼仪，很快赢得了贵族和群臣的认可，并与多位拥有出色军事和政治才能的情人保持着稳定的关系，其中最著名的包括后来成为波兰国王的波尼亚托夫斯基、被封为伯爵的奥尔洛夫、骑兵将军瓦西里奇科夫，以及最重要的被封为公爵的波将金。正是时任禁卫军头领的格里戈里·亚历山德罗维奇·波将金在 1762 年的宫廷政变中鼎力支持，亲手将叶卡捷琳娜二世扶上了帝位。

叶卡捷琳娜二世统治俄国的时候，启蒙运动正风行于欧洲大陆。法国思想家伏尔泰、孟德斯鸠、狄德罗倡导的民主和法制观念，逐步深入到许多欧洲人的思想中。女皇以一种近乎崇拜的心态看待这些启蒙思想家。她在给伏尔泰的信中写道：“从 17 岁起，我能自由地支配我的时间以来，您的著作是我最好的师友。”

在叶卡捷琳娜二世统治的 34 年时间里，俄罗斯帝国从土耳其手中夺得了通往黑海的入海口，三次瓜分波兰，18 世纪 80 年代，叶卡捷琳娜二世宣布：北美洲的阿拉斯加和太平洋上的阿留申群岛归属俄国版图。俄国成为地跨欧、亚、美三大洲的超级帝国，女皇本人则成为俄国历史上第二位被称为“大帝”的君主。叶卡捷琳娜二世去世后，席卷了整个欧洲的拿破仑军队在这个强大的帝国遭遇败绩，俄国为整个欧洲挽回了败势。1814年，叶卡捷琳娜二世的孙子、被祖母寄予厚望的沙皇亚历山大一世骑着白马进入巴黎，被推举为欧洲神圣同盟的盟主，俄罗斯成为欧洲事务的仲裁者。

二

自有信史，中国历史上可称为“黄金时代”或“太平盛世”的，无非有屈指可数的春秋时代、文景之治、贞观之治、开元盛世、康雍乾盛世这么几个。春秋时期是全人类精神财富硕果累累的时期，几大文明都出现了伟大的精神导师。古希腊有苏格拉底、柏拉图、亚里士多德，以色列有犹太教的先知们，古印度有释迦牟尼，中国有孔子、老子、墨子等。西汉文景之治，是“汉民族”作为一个世界性民族开始形成并登上历史舞台的时期。中华文明发展历程上的第三座高峰——大唐，以包容和开放的胸襟成就了一个伟大的封建王朝。康雍乾盛世离近代不远，它在政治、经济、文化等诸多方面所取得的非同凡响的成就，谱写了中国传统盛世的又一华彩篇章。

满族的源头最早可上溯到7000年前的新开流文化。肃慎、挹娄、勿吉、靺鞨、渤海、女真，是现代满族一脉相承的祖先。黑水靺鞨是满族的直系祖先，后发展为女真。满族是唯一在中国历史上曾两度建立过中原王朝的少数民族。

1583年，努尔哈赤起兵，逐步统一女真各部，建立了军政合一的八旗制度。清建国于1616年，初称后金，1636年始改国号为清，1644年清军入关，夺取中央政权，定都北京。

后世称清朝前期康熙、雍正、乾隆三位帝王的统治时期为中国古代封建王朝的最后一个盛世——“康雍乾盛世”，又称“康乾盛世”，起于康熙二十年（1681）平三藩之乱，止于嘉庆元年（1796）川楚陕白莲教起义爆发，先后达115年。

康熙帝爱新觉罗·玄烨是清朝第四位皇帝、清定都北京后的第二位皇帝。他8岁登基，14岁亲政，在位61年，是中国统一的多民族国家的捍卫者，奠定了清朝兴盛的基础，开创出康雍乾盛世的大局面。

康熙亲政不久后，便宣布停止圈地，放宽垦荒地的免税年限，并着手整顿吏治，恢复了京察、大计等考核制度。为了防止被臣下蒙蔽欺骗，他还亲自出京巡视，了解民情吏治，其中最著名的是六次南巡。

雍正帝爱新觉罗·胤禛是一位十分复杂而矛盾的历史人物，他勇于革新、勤于政务、洞察世情，以雷厉风行的姿态对康熙晚年的积弊进行了大刀阔斧的整顿，如实行改土归流和耗羡归公等，一扫政坛颓风，使吏治澄清、社会稳定、国库充盈、人民安居。有鉴于康熙朝诸皇子争储位的惨痛教训，雍正创立秘密建储制，即将已选定的储君姓名，写好密藏匣内，再置于乾清宫“正大光明”匾后，以备不测。这一制度，有助于以后乾嘉道咸几朝皇权的顺利过渡。同时，他刚愎自用，猜疑专权，特别是雍正七年（1729）设立军机处，开创了沿袭至清末的帝后独揽军政要务的集权模式。

雍正在位的13年是清朝统治的重要时期，承上启下，为接着的乾隆盛世打下了坚实的基础。

爱新觉罗·弘历（1736—1795年在位）是雍正帝第四子，清朝第六位皇帝，年号乾隆，寓意“天道昌隆”。乾隆帝25岁登基，在位60年，退位后又做了3年太上皇，是中国历史上执政时间最长、年寿最高的皇帝之一。乾隆帝在位期间平定大小和卓叛乱、巩固多民族国家的发展，六次下江南，文治武功兼修。

从康熙到乾隆，经过一百多年的励精图治和休养生息，社会经济得以迅速发展，耕地面积和人口成倍增长。清代前期的经济，特别是清代18世纪的经济，是中国封建社会经济发展的高峰，中国是当时世界第一大经济体。保罗·肯尼迪在《大国的兴衰》中写道：“在近代以前的所有文明中，没有一个国家的文明比中国文明更发达，更先进。”清初的康雍乾盛世，不仅足以傲视汉唐，即便放眼当时的世界，也是领先超群的。

清朝统治者“以小兵临大国”，入关之初，保持着如临深渊、如履薄冰的勤奋与谨慎，也充满了青春向上的勃勃生机。他们在血腥高压统治的同时，致力于恢复社会秩序，采取了一系列措施来安定社会，休养生息，发展生产。

在政治上，清朝统治者非常注意争取大多数汉人的合作。清军联合吴三桂入关，即打着“为尔等复君父仇”的旗号；多尔衮的大军到达北京时，为崇祯皇帝穿着孝服，感动了北京人，受到群众欢迎；接着，清王朝谕令废除明末的“三饷加派”及一切苛捐杂税，得到各界人士的拥护。因此，尽管有对于清朝野蛮的“剃发令”的不断反抗，新生的清王朝还是很快从饱经战乱的民众中争取了人心，在政治上取得了巩固政权的有利条件，特别是平定三藩之乱后，把自己的统治迅速推及至全国。

在社会经济方面，由于历年战乱不已，社会经济遭到了极大破坏，人口锐减，土地荒芜，民生凋敝。面对这样一个烂摊子，清王朝采取了垦荒、屯田、兴修水利和轻徭薄赋的休养生息政策。康熙时，为鼓励垦荒，规定开垦的荒地10年内免征田赋，同时还3次普免了天下田赋；到乾隆时期，国家富足，先后5次普免了全国田赋；此后，凡逢灾歉均予减免。清代前期，粮食总产量、重要产粮区的亩产量以及经济作物的发展都达到了新的历史最高水平。城乡手工业出现了家庭劳动向雇佣劳动转化，个体小生产向手工作坊、工场手工业大生产发展的明显趋势，创建了中国的早期工业化。此外，茶楼、酒馆、戏院、旅舍等生活服务业，商业、航运、金融等生产和流通服务业也蓬勃发展，成为新的经济增长点。商业发展首推贩运贸易，它超越了传统商业以土特产品和奢侈品供应城市消费者为主的格局，发展了生产者之间的交换，特别是粮食作物区、经济作物区、手工业品产区生产者之间的交换。这是贩运贸易开拓国内市场的一种突破。航运业的发展可通过航运路线的开辟得到印证，内河航运的东西干线、南北水陆联运干线以及南北方沿海海运干线都已具有近代规模。金融业中，传统典当大量发展，钱庄、票号不断兴起。明代钱庄主要从事银钱兑换业务，乾隆年间存款、放款和汇兑等信用业务在钱庄、票号中相继展开，汇票、银票、钱票等在南北各地普遍流行。在康雍乾盛世长达一百多年的持续上升期内，清王朝的国力和声威都达到顶峰。

无论是从国家到个人，还是从宏观到微观，新兴的俄罗斯帝国都深具东正教传统文化的色彩，特别是在拜占庭帝国灭亡后，它更具有了独一性。

彼得一世是一个俄罗斯传统文化的保持者，一方面保持着一个正统东正教信众的面目，另一方面他更以国家机器的力量主宰一切，就连教会都必须向沙皇俯首称臣，匍匐在政权面前。俄国教会从彼得一世开始，一切事务都要尊崇“沙皇陛下的诏令”，正如教会人士所说的，是“彼得专制政体之鹰，啄食了俄国东正教之心”。东正教会的人都知道，在俄国，教会受国家控制，不是牧首在管理着教会，而是沙皇和国家机关在管理教会，所以僧侣，尤其是下层僧侣，政治上的被排斥感、文化上的边缘感和经济上的每况愈下，迫使他们和政治反对派趋同，越来越多地加入到社会下层的反抗行列当中，甚至有时会成为社会运动的向导。

作为一个外国人，叶卡捷琳娜二世是如何赢得了俄罗斯的民心呢？她首先将自己变成了一个纯正的俄国人。叶卡捷琳娜二世不顾父亲的强烈反对，放弃了原来的信仰皈依了东正教，并竭力学会了俄语。当她拖着病体，在皈依仪式上用略带日耳曼口音的俄语背诵了长达50页的祈祷文时，不仅令大主教热泪盈眶，而且赢得了俄国老百姓的认可。事实上，身为一名德国人，她较早接受到西方启蒙思想的教育，骨子里还是认为西方远比俄国先进。她皈依东正教更多是为了母仪天下，甚或君临天下。东正教是俄罗斯最为广泛流行的宗教，正是对东正教的信仰影响了俄罗斯文化的发展。然而，东正教从来没有完全主宰过俄罗斯社会，在某种意义上，俄国不存在一个以宗教为中心、教权独大的“中世纪”。这一点与西欧不同，而恰恰与中国极为相似。

众所周知，在中世纪，佛教、基督教和伊斯兰教，在世界上不同的地区分别占据了主导地位，成为当时最具影响力的宗教，并由此而形成世界三大宗教。在清代，无论是佛教、基督教和伊斯兰教，还是其他宗教，都没有能够成为中国的国教。道理是明显的，孔孟儒家思想和宗法传统理念早已在中国牢牢地扎下了根，成为中国事实上的国教。

清朝统治者定鼎北京之后，继承明制，以宋代的程朱理学作为官方哲学，大力提倡尊孔读经，而疏远佛、道二教，从而使其在明代停滞的基础上进一步衰落下去。佛、道二教各派虽均有传人，但教义陈陈相因，虽经常有所活动，但都徒具形式。在这种情况下，佛、道中人为求自存之策，一方面附会儒学，竭力强调儒、释、道三教同源；另一方面又将势力渗透到蓬勃兴起的民间宗教中去，给民间宗教各派的教义、思想信仰等以极大影响。

在佛、道二教的衰微中，佛教中的藏传佛教却引人注目地受到清朝统治者的尊崇，成为昌盛不衰的一个派别。有清一代，清朝统治者礼遇达赖、班禅等宗教领袖，不惜国帑修盖寺庙，这对于维护各民族的团结、巩固国家的统一具有进步意义。

康熙在位六十余年间，六下江南，多次东巡辽沈，几乎每次都要参礼佛寺，接见僧人，题写匾额、碑文。如康熙二十三年（1684），第一次南巡时，他在扬州为天宁寺题词“萧闲”、为平山寺题词“怡情”；在金山御书“江天一览”，并敕令发帑金重修寺庙。康熙二十八年（1689）第二次南巡时，他在苏州为圣恩寺题词“松风水月”。此外，康熙还多次亲奉太皇太后、皇太后到山西五台山、北京香山参礼佛寺，对德望素著的僧人顶礼膜拜。另据史籍记载，他在位期间为寺庙写的匾额多达千余块，这恐怕是历代皇帝无法比拟的。康熙还热情地为重修庙宇书写碑文，为一些佛教经典写序和跋。不过，在这些碑文和序、跋中，虽谈佛经，但总是与儒家治国平天下、仁义道德、劝善惩恶之道紧密联系，看得出他把佛教纳入儒家思想范畴的良苦用心。

雍正自号“圆明居士”，在日理万机之余，会与大学士、军机大臣们议论佛法。他不仅具有皇帝和释主的双重身份，他的臣僚也具有大臣和佛教徒的双重身份。雍正关于佛教的著作主要有《御选语录》19卷和《拣魔辨异录》8卷。《御选语录》分正、外、前、后4集，选编了玉林琇及其之前11位禅师的语录，另外还选入了道教祖师紫阳真人张平叔及他自己的语录。《拣魔辨异录》则主要是为批驳法藏派而著的。这两部著作贯穿了雍正的一个基本思想，即以孔孟儒家学说作为封建统治的正统思想，同时充分发挥佛道二教阴翊王道的作用。为此，他还高唱儒释道三教同源的论调。这种论调实质上是以释道二教弥补儒学的不足，以加强专制主义的统治。

雍正的崇佛和三教同源的论调，无异于给日趋衰落的释道二教打了一针强心剂，为释道二教的生存和发展指明了方向。雍正十三年（1735）清廷特开藏经馆，在明代《北藏》基础上增加名僧著述，形成1672部、7247卷的《龙藏》。

乾隆也很懂得佛教在维护封建统治方面所起的作用，因而也尊崇佛教。不过，与雍正的做法不同，他之尊崇佛教，主要表现在刻经和评经上。雍乾时期，清朝的立国之本——国语（满族语言）、骑射，在满族八旗中日渐生疏，为此乾隆竭力重新予以提倡。其措施之一，就是将汉文藏经译成满文，使满族八旗在重新学习国语的基础上，均能尊君亲上、去恶从善。

事实上，在根深蒂固的东方专制传统面前，无论是东正教的神的慈爱、神的召唤、托身于神的理想，还是佛教的大慈大悲、憎恶奉善、自净其身的意愿，都未能给现实社会增添些许的神化色彩。简明地说，无论是忏悔的宗教还是祷福的宗教，皆抵挡不了斑斓的世界对凡夫俗子们的巨大诱惑。

四

在俄国沙皇时期，巨额的花费很常见，建皇家别苑、出游狩猎、举办宫廷舞会和聚会等，巨额支出数不胜数，全凭沙皇的心情。

阿列克谢一世沉迷于狩猎，特别是猎鹰，曾下令建造皇家猎鹰场，长期守卫近百人。安娜一世在位时的国库预算简直惊人，包括皇家庭院维护费，宠臣的马厩、冰室等筹建费以及女皇的私人零散慈善支出等各种项目。伊丽莎白女皇下令修建了皇村，当时也称“大叶卡捷琳娜宫殿”，这座宫殿的建造费可以说是俄罗斯帝国历代国库支出之最：160万卢布（相当于现在的96亿卢布）。叶卡捷琳娜二世加冕时的皇冠镶嵌了4936颗钻石，重达2858克拉。尼古拉一世与著名诗人普希金是好友，他称帝后赦免了普希金的流放之罪，并多次予以资助，在普希金死后，又为他还清了巨额债务。

俄罗斯社会的这种不公平与叶卡捷琳娜二世所夸耀的启蒙运动的原则南辕北辙。叶卡捷琳娜二世是一个十足的现实主义者，她知道自己的地位有赖于贵族的支持，因此从未真正地挑战贵族的利益和特权。当法国革命爆发时，她转而激烈地反对哲人们的学说，谴责革命是“一种反对宗教的、不道德的、无政府的、可恶的、凶暴的瘟疫，是上帝和君王的敌人”。

在中国的历史长河中，盛世之下的特权阶层里不乏具有强烈的忧患意识、关心社稷存亡的人物，他们秉持和践行“为天地立心，为生民立命，为往圣继绝学，为万世开太平”的理念。如汉文帝时期的贾谊有勇气做“乌鸦”，痛陈天下之事有“可太息者”“可痛哭者”“可流涕者”各若干条；景帝时的晁错，赤胆忠心，殚精竭虑，为天下求治论“贵粟”、议“实边”、道“削藩”，最后把性命也搭了进去；唐代的魏征心系社稷，关爱苍生，犯颜直谏，恪尽职守，为“贞观之治”的造就毫无保留地奉献了自己的忠诚与才智。在他们的身上，所体现的正是传统士大夫“兼济天下”的高尚风骨，因而成了“富贵不能淫，贫贱不能移，威武不能屈”的典范，名垂青史，震烁古今。

无奈盛世的特权者大多是另外一种面目。他们往往在莺歌燕舞、纸醉金迷中迷失了自我，随同社会的沉沦而一起没顶。与统治阶级的奢靡生活相伴随的是政权机构中普遍的贪赃枉法，腐败就像溃烂的脓疮恶性发作，败坏了整个社会肌体。雍正时曾锐意改革，整顿吏治，但到乾隆时，官僚机构开始膨胀老化，失去了往日的活力而追求享乐，朝野上下，贿赂公行，贪污成风。乾隆后期，虽诛戮了一批贪官污吏，其中不乏总督、巡抚，但官场贪污之风未有收敛，其风更炽。

统治者的好大喜功、穷奢极欲，特权者的奢靡腐败、歌舞升平，富豪们的一掷千金、醉生梦死，导致社会财富日益集中于少数既得利益者手中，贫富分化加剧，社会和谐越来越遥不可及，沙俄与大清从鼎盛的云霄中迅速坠落，并在20世纪的开端岁月里相继寿终正寝。

可见，“盛世”在历史的十字路口只要稍一迷途，便向“乱世”甚至“末世”滑落沉沦，这是历史的规律，也是给当今世人的警醒。

今天的我们无须为昔日的帝国辉煌而自我陶醉，而应大显身手于当下“民族复兴”的宏伟大业。

参考文献：

1［美］斯塔夫里阿诺斯：《全球通史》，北京：北京大学出版社，2005年。

2［美］保罗·肯尼迪：《大国的兴衰：1500—2000年的经济变迁与军事冲突》，北京：国际文化出版公司，2006年。

3 史亚民：《世界上下五千年》（古代卷），北京：红旗出版社，1995年。

4 白建才：《俄罗斯帝国》，西安：三秦出版社，2000年。

5［日］稻叶君山：《清朝全史》，西安：三秦出版社，2012年。

6 萧一山：《清代通史》，上海：华东师范大学出版社，2006年。

7 阎崇年：《正说清朝十二帝》，北京：中华书局，2004年。

8 万依等：《清代宫廷生活》，北京：三联书店，2006年。

1682年彼得一世登基加冕，成为罗曼诺夫王朝的第四位沙皇。1721年彼得一世称帝，宣布俄罗斯从大公国升级为帝国，规定沙皇作为帝国最高统治者，享有至高无上的权力。彼得一世崇尚西欧的先进文明，从政治、军事、经济、科学、文化等各方面效仿西欧进行改革，并将首都从莫斯科迁往圣彼得堡。彼得一世统治时期，俄国加速了近代化的步伐，为跻身世界强国打下了坚实的基础。1762年，叶卡捷琳娜二世登上沙皇的宝座，全面承袭了彼得一世的执政理念，设立多所学校，奖励科学与创新。她的开明君主专制将国家带入了“帝国的黄金时期”，也使俄国成为地跨欧、亚、美洲的超级大国。她本人则成了继彼得一世之后，俄国历史上第二位被称为“大帝”的君主。后人给予了他们如下的评价：彼得大帝塑造了俄国的躯体，叶卡捷琳娜大帝塑造了俄国的灵魂。

第一部分　君临天下　Imperial Glory

1662年，年仅8岁的爱新觉罗·玄烨登上了皇位，年号康熙。康熙帝聪明好学、坚韧顽强，拥有超群的胆识和兼容并包的胸怀，开创了中国封建王朝的最后一个盛世。在康熙统治时期，统一的多民族国家格局得以巩固和发展，社会经济文化政策得到了适当调整，国家从清初凋敝状态中恢复了活力。1723年雍正帝继位，他在执政的13年里，勇于革新、勤于政务、雷厉风行，对清廷机构和吏治做了一系列改革。1736年乾隆帝登基，他在政治上矫祖宽父严之弊，实行“宽严相济”之策，整顿吏治，厘定各项典章制度，优待士人，安抚雍正朝受打击之宗室；经济上奖励垦荒，兴修水利，全国呈现出一派繁荣昌盛之势。康熙、雍正、乾隆三代皇帝的统治时期是清王朝发展的巅峰，各方面在原有的体系框架下都达到极致，改革最多，国力最强，社会稳定，国库充盈，疆域辽阔，史称“康雍乾盛世”。

The Russia & The Qing

The Russia

The Qing

Royal Dignity

皇家威仪

The Russia

俄罗斯帝国时期始自彼得一世的改革，终于20世纪初的二月革命，近200年间，共有14人戴上“全俄罗斯帝国皇帝”的桂冠，包括10位男性与4位女性。罗曼诺夫王朝的双头鹰标志源自拜占庭帝国，以此强调沙皇具有东罗马帝国的合法继承权。双头鹰一头望着西方，另一头望着东方，象征着帝国同时拥有欧洲和亚洲东西两部分的领土。沙皇拥有奖励臣民的权力，彼得一世统治时期开始设立包括勋章、奖牌、金币、器皿、武器在内的新型奖励体系，受嘉奖者除了贵族和神职人员，也包括表现卓越的普通百姓。

彼得一世肖像 ▸

佚名，据让-马克·纳蒂埃原作临摹
18世纪中叶
布面油画
139厘米 ×110厘米
俄罗斯联邦国立历史博物馆藏

彼得一世（1672—1725），名为彼得·阿列克谢耶维奇·罗曼诺夫，1682年继任俄国沙皇，1721年将俄罗斯正式改称为“俄罗斯帝国”，任帝国第一任皇帝。

彼得一世是一位杰出的政治家和改革家。他自少年时期起就表现出对科学及外国生活方式的兴趣，是第一位到西欧进行长期游历考察的俄国君主。返回俄国之后，他对国家政治、宗教、军队、教育、文化等进行了全面改革：建立统一的中央集权管理体制，加强了君主专制；进行宗教改革，使教会服从国家领导；彻底重组武装力量，建立强大的常规军和海军舰队；建立世俗学校，强迫贵族阶级接受教育；禁止贵族留长胡须，规定改穿欧洲服饰，学习西欧的世俗文化；采用新的纪元方式——儒略历；创办第一份俄语报纸《新闻报》，并将许多欧洲文献翻译成俄语。经过多年战争，彼得一世从瑞典手中赢得了波罗的海出海口，借此加强了与欧洲各国的贸易往来和文化联系，又在涅瓦河口兴建圣彼得堡，并于1712年将首都由古老的莫斯科迁往新都圣彼得堡。由于他的文韬武略，俄罗斯跻身欧洲强国之列，他也因此被后世尊称为“彼得大帝”。

彼得一世遗容面具

1910 年
银，铜；浇铸，雕刻，镀金
外盒 78 厘米 ×73 厘米 ×82 厘米
俄罗斯联邦国立历史博物馆藏

这副面具记录了彼得一世去世时的面容，是 1910 年为了庆祝凯克斯霍尔姆皇家近卫军步兵团成立 200 周年而制作的。

伊丽莎白·彼得罗芙娜女皇肖像 ▸

佚名
18 世纪中叶
布面油画
228 厘米 ×158 厘米
俄罗斯联邦国立历史博物馆藏

伊丽莎白·彼得罗芙娜（1709—1762）是彼得一世与叶卡捷琳娜一世的女儿。1741 年，她发动政变，废黜小沙皇伊凡六世，成为继叶卡捷琳娜一世、安娜·伊万罗芙娜之后罗曼诺夫王朝的第三位女皇。

登基伊始，伊丽莎白就宣布继承父亲的改革大业，反对德国霸权，她的美貌和平易近人为她赢得了众多朝臣的爱戴和禁卫军的支持，在她统治期间社会相对稳定和繁荣。

伊丽莎白女皇性格活泼欢快，喜爱奢华与娱乐，经常举办盛大的庆典、宴会和舞会等。她一生未婚，无嗣。

◂ 叶卡捷琳娜二世肖像

佚名，据亚历山大·罗斯林原作临摹

18 世纪 70 年代末

布面油画

82 厘米 ×68 厘米

俄罗斯联邦国立历史博物馆藏

叶卡捷琳娜二世（1729—1796），本名索菲娅·弗雷德里卡·奥古斯塔，是一位德国大公的女儿，1745 年嫁给俄皇彼得三世，改名叶卡捷琳娜·阿列克谢耶芙娜。1762 年，她发动宫廷政变，杀死自己的丈夫后登上皇位。

叶卡捷琳娜二世执政期间，俄罗斯帝国确立了真正的大国地位。经过两次俄土战争的胜利，克里米亚半岛和整个黑海北部领土并入俄罗斯版图。1772—1795 年，在三次瓜分波兰后，俄罗斯又获得了今天的白俄罗斯、乌克兰、立陶宛和拉脱维亚的部分疆土。此外，俄罗斯的版图还扩展到了美洲。

叶卡捷琳娜二世实行开明专政，和伏尔泰、狄德罗、孟德斯鸠等西欧启蒙思想家保持通信往来，并大力发展艺术、科学和文化事业。她在位时，圣彼得堡兴修了大量宫殿、教堂、府邸和公共建筑，人文科学的中心——俄罗斯科学院成立，印刷业不断发展，艺术科学院也有了新的“章程”和优惠政策。女皇本人除热爱收藏艺术品外，也颇具文学天赋，曾为艾尔米塔什剧院创作剧本，编写过俄罗斯简史。在俄罗斯人心目中，叶卡捷琳娜二世是仅次于彼得大帝的一代英主，被尊称为“叶卡捷琳娜大帝”。

叶卡捷琳娜二世纪念碑模型

米·奥·米克申、亚·米·奥佩库申等
1873 年
铜
80 厘米 ×43 厘米 ×43 厘米
俄罗斯联邦国立历史博物馆藏

叶卡捷琳娜二世披着华丽的斗篷，头顶桂冠，脚前放着俄罗斯帝国皇冠，她目视前方，面露微笑，尽显雍容华贵。在女皇雕像下的圆形底座上环绕着九尊雕像，都是她执政时期的政治家、军事将领、科学与文化名人，如军事家兼政治家格里戈里·波将金、元帅彼得·鲁缅采夫、统帅亚历山大·苏沃洛夫、诗人加甫里尔·杰尔查文、彼得堡皇家科学院院长叶卡捷琳娜·达什科娃等。此模型的放大版矗立于圣彼得堡涅瓦大街一旁的奥斯特洛夫斯基广场。

尼古拉一世雕像

尼·米·施列德尔
1853 年
铜
64.5 厘米 ×18 厘米 ×18 厘米
俄罗斯联邦国立历史博物馆藏

尼古拉一世（1796—1855），1825 年继位俄罗斯帝国皇帝。他镇压过十二月党人起义，在位期间的一系列政策都旨在加强中央集权、维护君主专制。1837 年俄罗斯建成第一条铁路，尼古拉一世成为俄罗斯的第一位火车司机。1855 年初，尼古拉一世穿着单薄的军服检阅部队，患上了急性肺炎，于 3 月 2 日病逝。另有传闻说，他是因为看到克里木战争的灾难性后果而服毒自尽。

亚历山大三世雕像

尼·阿·拉维列茨基
1895 年
铸铁
75 厘米 ×29 厘米 ×20 厘米
俄罗斯联邦国立历史博物馆藏

亚历山大三世（1845—1894），1881 年继任俄罗斯帝国皇帝，史称“和平制造者”。尼古拉一世为其祖父。其父亚历山大二世史称“解放者”，1861 年下诏废除农奴制，为俄罗斯 19 世纪下半叶的中兴奠定了基础。亚历山大三世在父亲被革命党人刺杀后继位，这一悲剧很大程度上决定了他的国内政策走向，即加强皇室和国家权力，制定严格的国家秩序以避免革命的冲击。亚历山大三世统治时期是俄罗斯工业化的时代，是俄罗斯和欧洲在文化和经济上最为接近的时期，此时的俄罗斯仅凭外交努力即可实现政治意图。亚历山大三世在外交事务上最著名、最底气十足的一句话是：“俄国沙皇还在钓鱼，欧洲暂时可以等着。”

皇宫御旗

1880 年
毛织品，麻布
321 厘米 ×425 厘米
俄罗斯联邦国立历史博物馆藏

皇宫御旗以黄色布幅为底，中间有象征君主制的双头鹰形象，用以悬挂在皇宫的旗杆上。

双头鹰本是罗马帝国皇帝君士坦丁一世的徽记。1453 年，从罗马帝国分裂出来的拜占庭帝国被奥斯曼帝国消灭，拜占庭皇帝君士坦丁十一世战死，他的一个弟弟带着两儿一女逃走。后来，女儿索菲娅嫁给莫斯科大公伊凡三世，将拜占庭帝国的双头鹰标志带到了俄国，从此成为俄国政权的象征。双头鹰的形象不断变化，19 世纪下半叶最终定型。

双头鹰头戴三顶皇冠，象征着俄罗斯帝国对喀山、阿斯特拉罕及西伯利亚王国的统治。鹰胸前佩戴由一圈圣安德烈勋章组成的金链，链内为盾形骑士徽章。圣安德烈勋章 1698 年由彼得大帝设立，是俄罗斯帝国的最高奖赏。盾形徽章中的骑士为圣乔治，他骑在马上、手持长矛刺向毒龙，这个图案据说来自拜占庭，后被用作俄罗斯帝国的前身莫斯科公国的象征。鹰爪紧握金色权杖和装饰有十字架的金球，权杖象征权力，金球象征天国。主盾徽两侧的徽章象征着被莫斯科公国兼并的若干公国，它们共同构成了俄罗斯帝国的根基。

桌饰“站在小艇上的彼得一世”

马·安东克里斯基
1896 年
银；浇铸，雕镂
69 厘米 ×85 厘米 ×45 厘米
俄罗斯联邦国立历史博物馆藏

1723 年彼得一世下令将古罗斯大公亚历山大·涅夫斯基（约 1220—1263）的圣尸从弗拉基米尔运到圣彼得堡的亚历山大·涅夫斯基大教堂。1724 年 8 月 30 日，在俄罗斯与瑞典签订结束大北方战争的《尼斯塔德和约》三年之后，人们庄严地抬着圣尸到达诺夫哥罗德，然后用华丽的小艇运至圣彼得堡。

这件雕塑描述的是彼得一世站在小艇上亲自迎接圣尸的情景，系大公弗拉基米尔·亚历山德罗维奇为了庆祝帝国海军建军 200 周年特令皇家工艺科学院院长马·安东克里斯基制作的。

长柄勺

1707 年
银；镀金，压花，铸造，雕刻
12.2 厘米 ×38.6 厘米 ×23 厘米
俄罗斯联邦国立历史博物馆藏

长柄勺是俄国勋章制度出现之前的最高赏赐之一，在保卫国家疆土、守卫皇宫及为国家创造财富方面做出巨大贡献的人方可获此殊荣。彼得一世将这件长柄勺赐予了商人叶皮凡·楚金切夫，以表彰他通过开展中俄贸易为国家带来了不菲的收入。

带把杯

乔治·库岑多尔夫
1769 年
银；镀金，浇铸，模压，雕刻
高 29 厘米，直径 13 厘米
俄罗斯联邦国立历史博物馆藏

女皇叶卡捷琳娜二世赐给商人米哈伊尔·科斯特罗明这只杯子，以奖励他资助工匠伊凡·库利宾发明钟表及其他器械。杯盖上有浇铸的双头鹰雕塑，杯身的椭圆形框内是叶卡捷琳娜二世和圣徒保罗的形象。

伊凡·库利宾（1735—1818）是俄罗斯的天才机械师、发明家。他于 1764—1767 年间制造的蛋形时钟有三个机械装置，分别操控时间、音乐和钟身的移动。时钟每隔一刻钟便会敲响，正午时会奏响库利宾自己谱写的旋律。他将蛋形时钟献给了叶卡捷琳娜二世，之后被召至彼得堡科学院器械工厂任职。

圣安娜一级勋章

1797—1815 年
银，玻璃，珐琅；模压，镶嵌，珐琅绘画，镀金
7.8 厘米 ×7.2 厘米
俄罗斯联邦国立历史博物馆藏

圣安娜勋章是第一个进入俄罗斯帝国奖励体制的外国勋章。1735 年荷尔斯泰因–哥道普公爵卡尔·腓特烈为了纪念他于 1728 年去世的妻子（彼得一世的女儿安娜·彼得罗芙娜）设立了此勋章。勋章上写着拉丁文箴言“Amantibus Justitiam, Pietatem, Fidem”，意为“授予热爱真理、虔诚、忠心之人”，四个单词的首字母“A.J.P.F.”正好和拉丁文“安娜，彼得皇之女”相对应。1739 年卡尔·腓特烈公爵去世后，他的儿子卡尔·彼得·乌尔里希（1728—1762）世袭爵位。1742 年新任公爵受姨母伊丽莎白·彼得罗芙娜女皇之邀来到俄国，并在此皈依东正教，取名彼得·费奥多罗维奇，成为俄国皇位继承人，即后来的彼得三世。来俄国之时，他将圣安娜勋章带到这里。由于不是本土勋章，圣安娜勋章只授予普通百姓，直至 1797 年 4 月 5 日叶卡捷琳娜二世的儿子保罗一世举行加冕礼时，该勋章才进入俄国的奖励体系。

镶嵌亚历山大二世和亚历山大三世肖像的荣誉勋章

19 世纪下半叶
金，银，钻石，硅铍石，石英，纸；模压，镶嵌
8.4 厘米 ×5 厘米
俄罗斯联邦国立历史博物馆藏

圣亚历山大·涅夫斯基星形勋章和圣弗拉基米尔二级星形勋章

19 世纪下半叶
金，银，珐琅；模压，镶嵌，珐琅绘画，镀金
高 12.8 厘米，宽 7.6 厘米、7 厘米
俄罗斯联邦国立历史博物馆藏

圣亚历山大·涅夫斯基勋章由彼得一世设立，以纪念 13 世纪诺夫哥罗德大公、东正教圣徒亚历山大的伟大军功。此勋章只有一个等级，除了授予战功彪炳之士，也授予国务管理人员。勋章中间是由圣亚历山大的首字母“S.A.”组成的花字，周边红色珐琅底上为勋章箴言“为了祖国和人民”。

圣弗拉基米尔勋章中间有个金色十字架，间隙处写着字母“C.P.K.B.”（即圣徒弗拉基米尔大公），周边为勋章箴言“利益、荣誉、光荣”。此勋章是在 1782 年庆祝叶卡捷琳娜二世登基 20 周年时开始颁发的，勋章的名字来自基辅公国弗拉基米尔大公，这位著名的统帅和国务活动家在统一和加强古罗斯政权方面做出了重大贡献。他最为重要的事迹就是在公元 988 年接受基督教为国教，即罗斯受洗，因此东正教教会尊其为圣徒。该勋章分为四个等级，既可授予有军事功勋的人，也可授予国务管理杰出人士。

圣弗拉基米尔二级十字形勋章

19 世纪下半叶
金，珐琅；模压，珐琅绘画
4.8 厘米 ×5.1 厘米
俄罗斯联邦国立历史博物馆藏

十字形勋章正面圆心图案为大公王冠和白鼬皮法衣，勋章背面刻着授予时间“1782 年 9 月 22 日”。圣弗拉基米尔二级勋章的佩戴方式是十字形勋章系在领口，星形勋章佩戴在左胸前。

“空军——俄罗斯力量”胸章

1912—1917 年

金，银，珐琅；模压，镶嵌，珐琅绘画

7.2 厘米 ×4.6 厘米

俄罗斯联邦国立历史博物馆藏

该奖章于 1912 年 2 月设立，颁发给为发展空军做出特殊贡献的人士。

圣斯坦尼斯拉夫二级勋章

19 世纪 60 年代

金，珐琅；冲压，珐琅绘画

7.7 厘米 ×4.6 厘米

俄罗斯联邦国立历史博物馆藏

该勋章是 1765 年由波兰国王斯坦尼斯拉夫·奥古斯特·波尼亚托夫斯基二世设立，旨在纪念 11 世纪的克拉科夫主教斯坦尼斯拉夫。斯坦尼斯拉夫在做礼拜时被国王鲍列斯拉夫杀死于教堂中，后来被封为圣徒和波兰的守护者。1815 年，俄皇亚历山大一世在吞并波兰部分领土后，将此勋章保留下来并颁给在波兰出生的人。1831 年 11 月 17 日，尼古拉一世向自己颁发了圣斯坦尼斯拉夫勋章。勋章黑色十字架部分的白色圆心中绘有由圣斯坦尼斯拉夫的首字母“S.S.”组成的花字。勋章上的拉丁文箴言为“Praemiando Incitat”，意为“表彰、奖励”。

圣安德烈勋章

19 世纪末—20 世纪初
金，珐琅；模压，镶嵌，珐琅绘画
10 厘米 ×6 厘米
俄罗斯联邦国立历史博物馆藏

圣安德烈勋章是俄罗斯帝国的最高奖赏，为 1698 年彼得一世游历西欧返回俄国之后所设立，名称取自耶稣的十二门徒之一安德烈。据东正教传说，安德烈曾在古罗斯传播基督教，是俄罗斯的守护者。勋章的核心图案是被钉在十字架上的圣安德烈，十字架四端分别绘有拉丁文“Sanctus Andreas Patronus Russiae”的首字母“S.A.P.R.”，意为“俄罗斯的守护者圣徒安德烈”。勋章的背面是箴言“为了信仰与忠诚”。

18—19 世纪，圣安德烈勋章颁发次数很少，主要赏赐给皇室成员、政府首脑和杰出将领等。叶卡捷琳娜二世是最后一位授予自己圣安德烈勋章的皇帝。

圣安德烈勋章链

19 世纪下半叶
金，珐琅；模压，镶嵌，珐琅绘画
长 104 厘米
俄罗斯联邦国立历史博物馆藏

列斯纳亚战役大捷纪念币

1708 年

金

直径 2.72 厘米

俄罗斯联邦国立历史博物馆藏

1708 年 9 月底—10 月初，大北方战争期间，彼得一世统率的俄军与莱文豪普特将军率领的瑞典军团在列斯纳亚村附近交战，此战以俄军大获全胜而告终。列斯纳亚战役的胜利为之后的波尔塔瓦大捷奠定了基础，彼得一世评价其为“波尔塔瓦会战之母”。

纪念币正面为彼得一世半胸像，背面刻画了他身穿铠甲、驰骋沙场的英勇形象。

签订《尼斯塔德条约》纪念币

1721 年

金

直径 3.7 厘米

俄罗斯联邦国立历史博物馆藏

1721 年，俄国战胜瑞典赢得了大北方战争。9 月 10 日，两国签订《尼斯塔德条约》，昔日的北欧霸主瑞典丧失大片土地，在“三十年战争”后所得的优势尽失，而俄国则取得了波罗的海的出海口，一跃成为欧洲列强之一。

纪念币正面为彼得一世半胸像，首次使用“彼得一世皇帝”称号，背面刻画了诺亚方舟和口衔橄榄枝的白鸽，地平线上飞出一道彩虹，两端连接着圣彼得堡和斯德哥尔摩。

叶卡捷琳娜一世登基纪念币

1724 年

金

直径 4.25 厘米

俄罗斯联邦国立历史博物馆藏

纪念币正面为彼得一世和女皇叶卡捷琳娜一世的半胸像，背面刻画了彼得一世为叶卡捷琳娜一世加冕的情景。

二卢布金币

1712 年

金

直径 2.24 厘米

俄罗斯联邦国立历史博物馆藏

亚历山大二世御玺

19 世纪中期
钢
直径 10.1 厘米
俄罗斯联邦国立历史博物馆藏

彼得一世御玺（三件）

18 世纪初
银
直径 5.67 厘米、6.79 厘米、9.7 厘米
俄罗斯联邦国立历史博物馆藏

御玺盒

19 世纪 40 年代
紫檀，铜，丝绸
23 厘米 ×36 厘米 ×23 厘米
俄罗斯联邦国立历史博物馆藏

印章

18 世纪末
钢，铜；抛光，氧化烧蓝，镀金，雕刻
高 7.5 厘米，印面直径 5.5 厘米
俄罗斯联邦国立历史博物馆藏

信件收纳盒

1853—1859 年
铜，钢；浇铸，压花，镀金，镀银
33.5 厘米 ×46 厘米 ×21 厘米
俄罗斯联邦国立历史博物馆藏

收纳盒镀银部分的浮雕图案刻画了两位身着铠甲的古罗斯大公亲切握手的场景。

从莫斯科河对岸眺望克里姆林宫

卡尔·伊万诺维奇·拉布斯
1846 年
布面油画
93 厘米 ×142 厘米
俄罗斯联邦国立历史博物馆藏

莫斯科城始建于 12 世纪，坐落于数条贸易路线相交的一处高地，是俄罗斯乃至亚欧大陆上的重要交通枢纽。沿莫斯科河而建的这座城市长期以来发挥着国家首都的职能，位于城市中心的克里姆林宫雄伟壮观，享有“世界第八奇景”的美誉。

眺望大石桥对面的克里姆林宫

瓦·谢·洛扎诺夫
1883 年
布面油画
100 厘米 ×175 厘米
俄罗斯联邦国立历史博物馆藏

自 17 世纪末开始，每逢重大庆典莫斯科都会燃放烟火。1883 年亚历山大三世加冕之际，除了传统的烟火庆祝仪式，还首次大量使用电气照明渲染气氛。

Royal Dignity

皇家威仪

The Qing

大清皇室在祭祀、朝会、庆典、出行、册封等方面，都鲜明地体现出“别贵贱、序尊卑”的礼制观念。清承明制，将典章礼仪制度发展得更加完备。清宫外朝三大殿内，正中固定有一组宝座及其附带陈设，殿内外香烟缭绕，气氛庄严肃穆，以显示封建帝王的专贵和威严。清王朝政治制度以皇权为核心，行政机构经历议政王大臣会议、内三院、内阁、南书房、军机处的演变过程，发展至乾隆时期成为清代中央集权制度的顶峰。御玺制度和朱批奏章正是这种制度的生动体现。康雍乾三朝的皇帝将大量时间用于批阅内、外臣工的奏章，可谓日日勤慎，朝乾夕惕。

康熙皇帝朝服像 ▸

清

轴，绢本，设色

纵 277 厘米，横 195 厘米

故宫博物院藏

爱新觉罗·玄烨即清圣祖（1654—1722），清朝入关后的第二位皇帝。玄烨 8 岁登基，年号康熙。他在 14 岁亲政后，政治上，智擒权臣鳌拜，平定三藩和噶尔丹之乱，剿抚兼施终统台湾；经济上，奖励垦荒，蠲免赋税，实行“滋生人丁，永不加赋”政策；文化上，编纂《明史》《全唐诗》等，清王朝进入繁盛时期。

画像描绘的是中年时期的康熙帝。他身着朝服，端坐龙椅上，肃穆中流露威严之气。画像用笔精细，设色明丽，将一代英主的风度表现得淋漓尽致，显示出清代宫廷画师敏锐的观察力和精湛的绘画功力。

雍正皇帝半身像

清

轴，绢本，设色

纵 79 厘米，横 62.4 厘米

故宫博物院藏

爱新觉罗·胤禛即雍正皇帝（1678—1735），康熙帝第四子。胤禛 45 岁即位，在位 13 年，对清廷机构和吏治进行了一系列改革，巩固了皇权，为康雍乾盛世的连续起到关键作用。

画像为雍正帝半身像。他头戴重檐冠，身着褐色便装，双手执一如意于胸前。如意刻画细腻，并蒂莲花构成首部，茎杆装饰有卷曲的小荷叶，与故宫博物院藏清中期“黄杨木雕荷花如意”颇有相似之处。人物面部结构准确，线条柔和，用色平涂再稍加晕染，有一定的凹凸感，延续了中国传统肖像画技法。

乾隆皇帝汉服像

清
轴，绢本，设色
纵 100.2 厘米，横 96 厘米
故宫博物院藏

爱新觉罗·弘历即清高宗（1711—1799），清朝入关后的第四位皇帝，年号乾隆。弘历在位 60 年间，清朝政治、军事、经济、文化等都成就卓越，国力达到历史巅峰。这位儒雅风流的皇帝热爱文学艺术，工书法，擅画山水、花鸟，通过搜集书画、编纂书画著录《石渠宝笈》的方式，推动了清代宫廷文化的发展，使得清宫书画收藏达到继宋内府后的又一次高峰。

画中的乾隆帝身着汉族文士服装，举止儒雅，表现出一代贤主勤勉好学的气质。由于清初大力推行满族服饰，禁服汉饰，故此类汉服场景当为想象图，亦可看作是乾隆帝对于汉族文化的热爱。此画人物五官出自郎世宁之手，衣纹背景是金廷标所画，是中西合璧绘画艺术的精品。

孝仪纯皇后朝服像

清

轴，绢本，设色

纵 198 厘米，横 122.5 厘米

故宫博物院藏

孝仪纯皇后魏佳氏（1727—1775），内管领清泰之女。乾隆十年（1745）入宫，为贵人。她克勤克俭，深得乾隆帝敬重和爱恋，先后受封令嫔、令妃、令贵妃、令皇贵妃。卒年49岁，谥为“令懿皇贵妃”。乾隆二十五年（1760）生皇十五子颙琰，于乾隆六十年（1795）被立为太子，即后来的嘉庆皇帝。后经嘉庆、道光两次加谥，为“孝仪恭顺康裕慈仁端恪敏哲翼天毓圣纯皇后”。

此图运用细腻的肖像画写实笔法，表现了孝仪纯皇后的端庄贤惠，通过对其繁缛龙袍、精致龙椅的描绘，昭示出皇族的富丽与尊贵。

青玉交龙纽“古稀天子之宝”

清乾隆

通高 10.9 厘米，底边长 12.9 厘米

故宫博物院藏

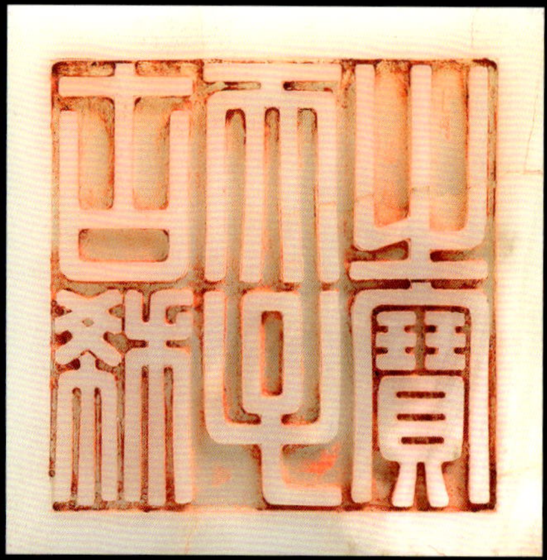

青玉交龙纽方形玺，汉文篆书。乾隆四十五年（1780）乾隆皇帝七十圣寿时，视自己为千古之中唯一年登古稀的英明君主，为此特撰写《古稀说》：“古稀之六帝元明二祖为创业之君……其余四帝予所不足为法。”“余以今年登七袠，因用杜甫句刻‘古稀天子之宝’。”借此夸耀自己是古稀全人，并刻制了“古稀天子”和“古稀天子之宝”多方印玺。

青玉交龙纽“八徵耄念之宝”

清乾隆
通高 10.9 厘米，底边长 12.9 厘米
故宫博物院藏

青玉交龙纽方形玺，汉文篆书。乾隆五十五年（1790），乾隆帝八十圣寿之时特为此玺撰写记文曰：“予年七十时，用杜甫句镌‘古稀天子之宝’，而即继之曰‘犹日孜孜’不敢怠于政也。蒙天眷佑，幸无大陨，越于兹又浃旬矣，思有所以副八旬开袠之庆，镌为玺，以殿诸御笔，盖莫若《洪范》八徵之念。”

乾隆晚年共刻“八徵耄念”“八徵耄念之宝”印玺六十余方，与“自强不息”玺及其他宫殿玺印制成套印，便于其使用和收藏。

"大清帝国皇帝之玺"紫檀印盒

清

盒通高 16 厘米；盖高 13.3 厘米，边长 15 厘米；底高 3.5 厘米，座边长 16.3 厘米

南京博物院藏

《御制读〈尚书〉诗》册

清

纵 12 厘米，横 13 厘米

南京博物院藏

金编钟

清乾隆

单枚编钟高 23.8 厘米，腹径 16.1 厘米；

钟架高 350 厘米，宽 340 厘米

故宫博物院藏

宫廷雅乐是宫中最隆重的祭祀、朝会和皇帝升、降陛时演奏的音乐，即所谓的“正声”，象征着王朝的兴盛。宫廷雅乐中的中和韶乐、丹陛大乐是区别于世俗的、专供皇帝使用的皇家音乐。编钟是中和韶乐的重要乐器，凡祭祀、庆贺、朝会等国家重大典礼活动皆用，与编磬分列东西。

此套金编钟是清乾隆五十五年（1790）乾隆皇帝八十大寿时清宫造办处制造的，共用黄金一万三千六百多两，是清宫中仅有的两套完整的金质乐器之一（另一为康熙年铸造的金编钟），标志着康雍乾时期国力的强盛和礼乐制度的完善。编钟共 16 枚，以交龙纽为穿系，器身錾刻云纹及双龙，器身正中相背各做长方开光，内錾刻各钟名和“乾隆五十五年制”。外形尺寸相同，以钟体厚薄区分音程，钟体愈薄发音愈低，分别对应清代乐律中的十二正律、四倍律，钟名由低至高依次为：倍夷则、倍南吕、倍无射、倍应钟、黄钟、大吕、太簇、夹钟、姑洗、仲吕、蕤宾、林钟、夷则、南吕、无射、应钟。

雍正朱谕年羹尧、陕西文武官等

清雍正

纵 22.1 厘米，横 45.7 厘米

南京博物院藏

清制，凡有异常重大处分，于内外奏章或特降圣旨，由皇帝以朱笔批示、书写，以示郑重，称朱批谕旨，简称朱谕。

此为雍正皇帝继位数月后，给川陕总督年羹尧（1679—1726）和陕西文武官下的一道针对其异母弟允禟（1683—1726）的朱谕。

释文：上谕年羹尧、陕西文武官等：贝塞允禟，性秉奸诈，外饰宽仁，事君不忠，视朕不友。皇考深知其为人不端，从来未假之以颜色。至于犯上干纪之事，不可枚举。实有害于国家，毫无于社稷。朕弟兄中之元恶也。数十年来，手足之中凡所妄为，皆禟首之。朕登大宝，即当立正典法，但朕不忍骨肉被伤，料亦不能为朕之患，故而暂且容其偷生。朕躬国家，倘有意外不测，此人断不可留于世，为社稷、子孙之遗害。尔诸臣可尊旨勒令自裁，如若抗违，即以叛逆调兵处之。尔等少有疑顾，将来遗患于后日，非朕之不预料也。特谕。

款识：雍正元年四月十一日谕。

钤印：雍正敕命之宝（朱文）

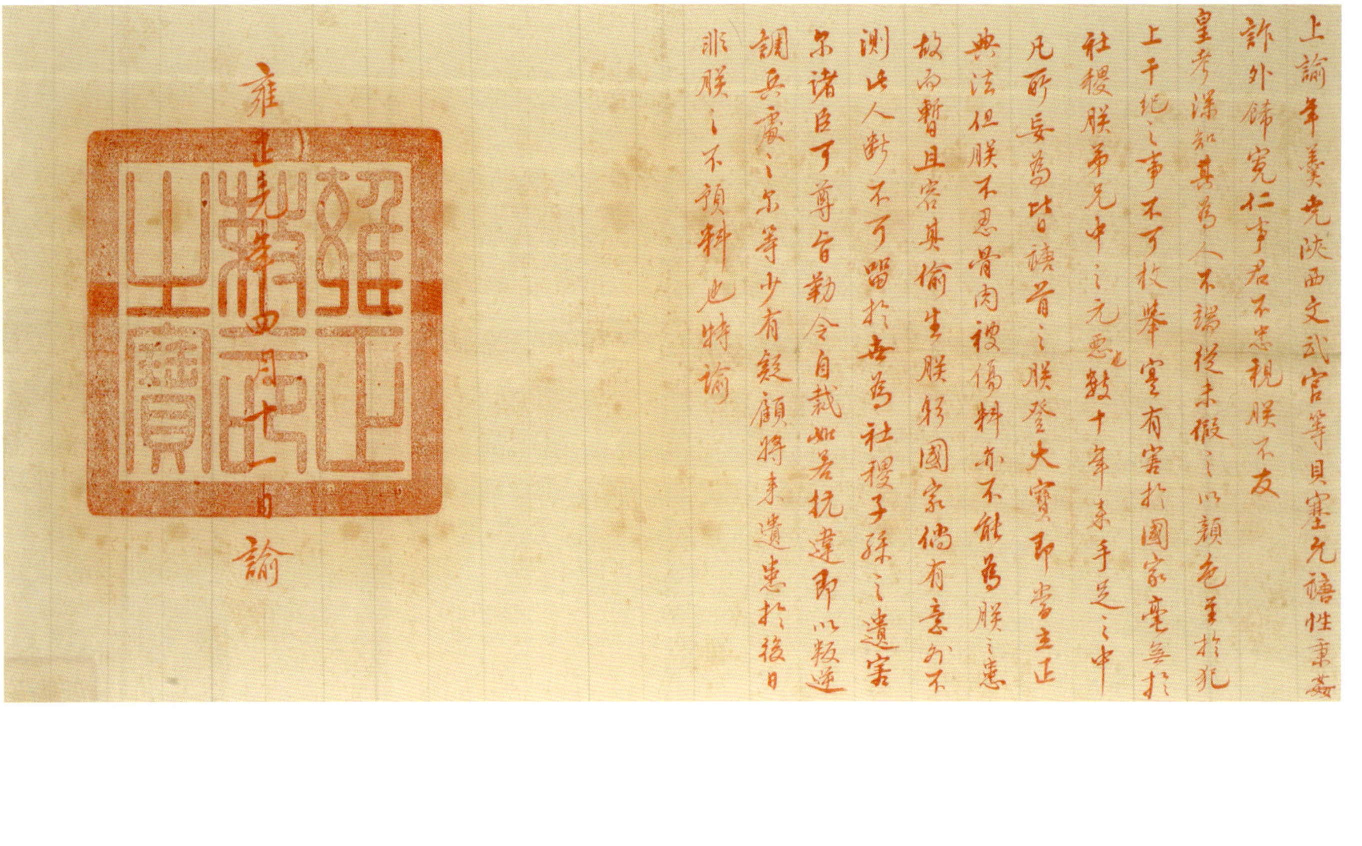

上諭年羹堯陜西文武官等貝塞允禟性秉奸
詐外飾寬仁事君不忠視朕不友
皇考深知其爲人不端從未假之以顏色至於犯
上干紀之事不可枚舉實有害於國家毫無於
社稷朕弟兄中之元惡也數十年來手足之中
凡所妄爲皆禟首之朕登大寶即當立正
典法但朕不忍骨肉被傷料亦不能爲朕之患
故而暫且容其偷生朕躬國家倘有意外不
測此人斷不可留於世爲社稷子孫之遺害
爾諸臣可尊旨勒令自裁如若抗違即以叛逆
調兵處之爾等少有疑顧將來遺患於後日
非朕之不預料也特諭

雍正元年四月十一日諭

周元理请安折

清乾隆

纵 21.7 厘米，横 9.9 厘米

南京博物院藏

请安折是奏折的一种，为清代官员向皇帝问安的文书。

此折墨笔楷书“臣周元理跪请皇上圣躬万安”十二字，行书朱批“朕安”二字。

请安人周元理（1706—1782）字秉中，浙江仁和人，乾隆三年（1738）举人，以知县用，历广东万州知州等官，累擢为直隶总督，官至工部尚书。

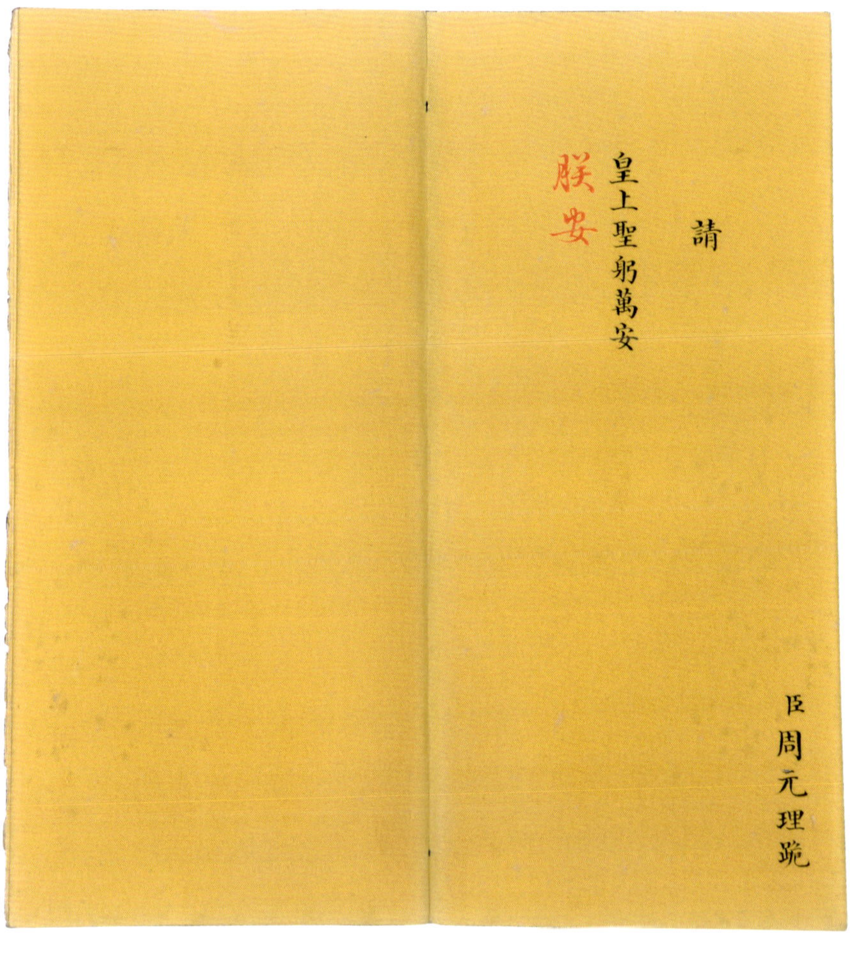

臣周元理跪

請

皇上聖躬萬安

朕安

《皇清职贡图》（内府本）

清乾隆

纵 28.8 厘米，横 18.1 厘米

南京博物院藏

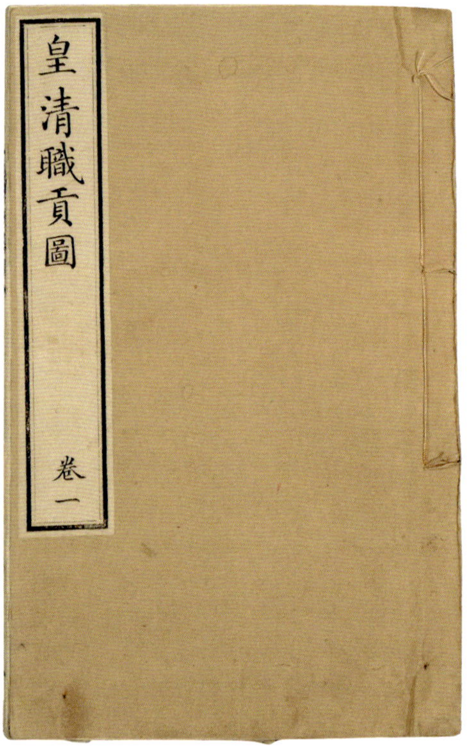

《皇清职贡图》是描述清朝管辖境内各民族及与清王朝有往来的国家之民族衣冠形貌的史籍。乾隆十六年（1751）至二十二年（1757）陆续成书。全书含卷首共九卷，按照各国、各民族地域区别及地位高低进行编排，绘图凡三百数，以男女别幅者，计六百数，描绘各国、各民族之男女状貌、服饰及生活习俗，并附有文字题记，简要说明其分布地区、历史、社会生产及向清朝贡赋的情况。

此件为《皇清职贡图》内府本，上有文：“乾隆十六年六月初一日大学士忠勇公臣傅恒奉上谕”“乾隆辛巳秋日”。

以“卷一”关于“俄罗斯国夷官”和“俄罗斯国官妇”为例：“俄罗斯，地在极北，北汉时之坚昆、丁令，唐时之黠戛斯、骨利干，元时之阿罗思、吉利吉斯等部，皆其地也。有明三百年未通中国。本朝康熙十五年入贡，二十八年遣内大臣索额图等与其使臣费耀多啰等定以格尔必齐河为界。自后，朝贡、贸易每间岁一至。其夷官披发，戴三角黑毡帽，穿窄袖短衣，履革靴，出必佩剑。官妇则戴红顶三角帽，系五色长桶裙，披织锦无袖短衣，或以貂皮为里。俗以去发为姣好，以免冠为恭敬。”

另关于“俄罗斯国夷人”和“俄罗斯国夷妇”的描述如下：“俄罗斯，地有八道，称为斯科。每一斯科，又各分小斯科，俱设官管辖。其民聚处城堡，居止有庐舍，水陆有舟车，服毡罽，喜饮酒，屑麦为饼，不饭食，性矜夸贪得，尚浮屠。自国王至庶民，有四季大斋，数十日。”

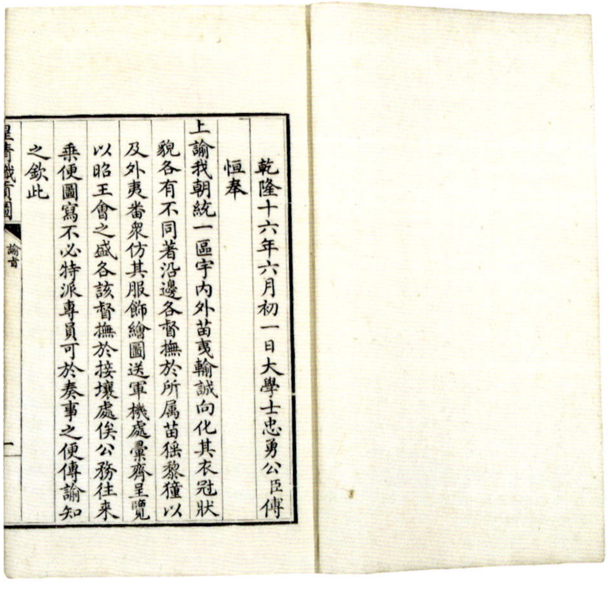

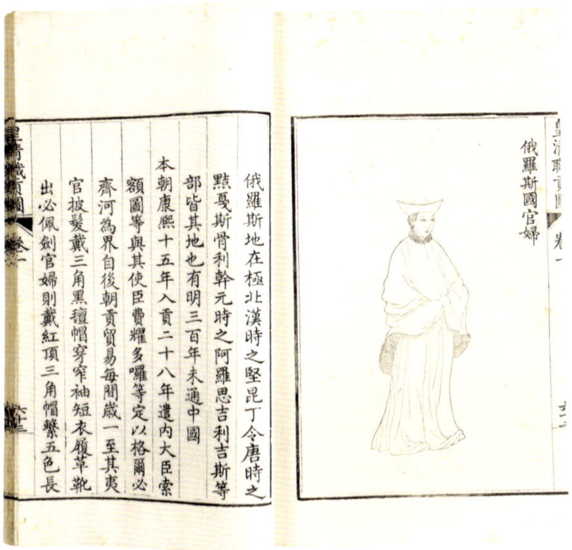
俄羅斯國官婦
俄羅斯地在極北漢時之堅昆丁令唐時之
黠戛斯骨利幹元時之阿羅思吉利吉斯等
部皆其地也有明三百年未通中國
本朝康熙十五年入貢二十八年遣内大臣索
額圖等與其使臣費耀多囉等定以格爾必
齊河為界自後朝貢貿易每間歲一至其夷
官披髮戴三角黑氊帽穿窄袖短衣履革靴
出必佩劍官婦則戴紅頂三角帽綮五色長

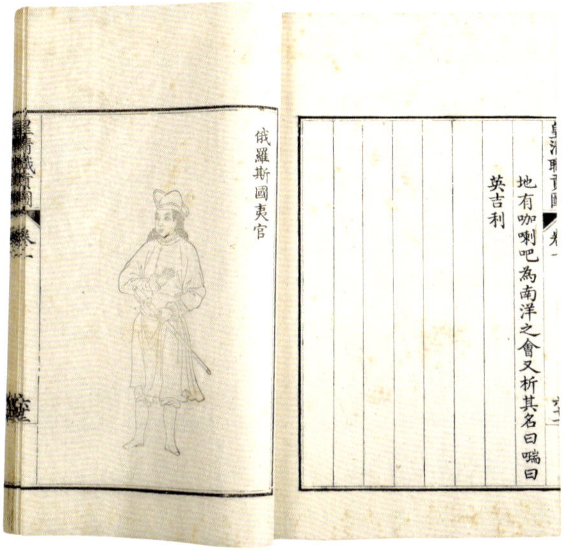
地有咖喇吧為南洋之會又析其名曰嗎曰
英吉利
俄羅斯國夷官

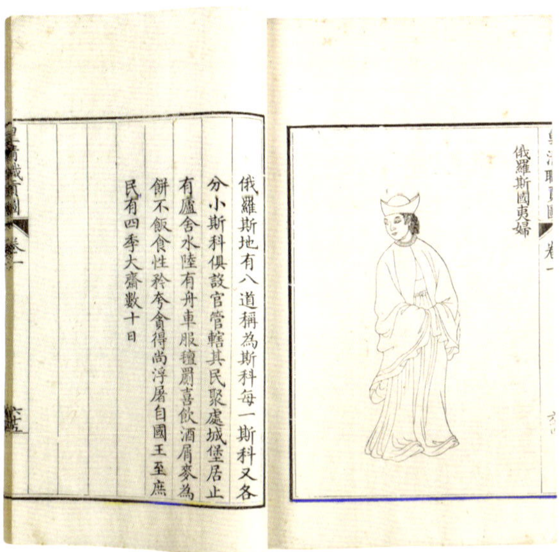
俄羅斯國夷婦
俄羅斯地有八道稱為斯科每一斯科又各
分小斯科俱設官管轄其民聚處城堡居止
有廬舍水陸有舟車服氊罽喜飲酒屑麥為
餅不飯食性矜夸貪得尚浮屠自國王至庶
民有四季大齋數十日

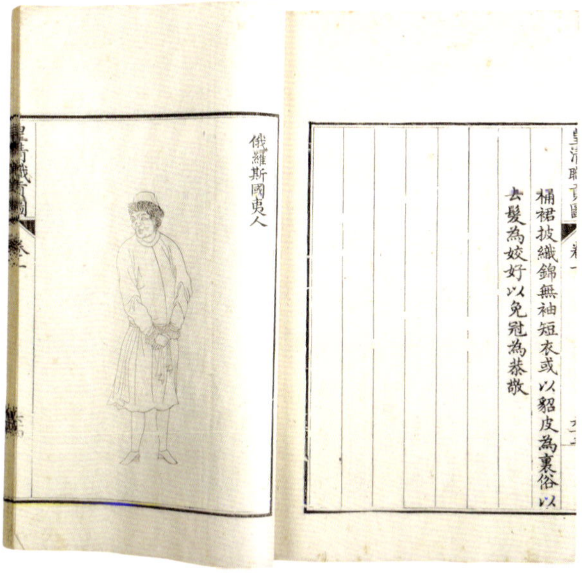
桶裙披織錦無袖短衣或以貂皮為裏俗以
去髮為姣好以免冠為恭敬
俄羅斯國夷人

赑屃纽“和硕智亲王宝”金印

清嘉庆
高 12.3 厘米，长 11.3 厘米，宽 11.2 厘米
南京博物院藏

和硕智亲王为大清亲王爵位。嘉庆十八年（1813），清仁宗嘉庆皇帝之次子绵宁被封为和硕智亲王，即道光皇帝，继位后改名旻宁。

金印面近正方形，篆书阳文“和硕智亲王宝”，附满文于左，刻工细腻工整，字体首尾开叉，似爪状，别具一格。印纽为赑屃（传说中“龙生九子”之一），龙首龟身，呈半卧立姿态，抬头卷舌，张嘴露齿，双目圆睁，动感十足。

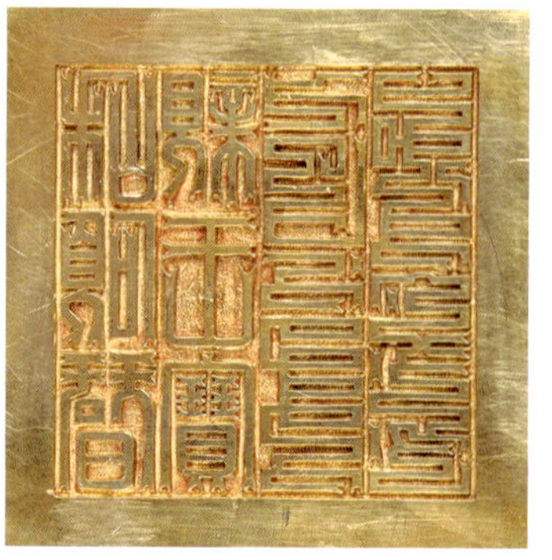

御赐和硕智亲王金册

清嘉庆
每页纵 22.5 厘米，横 10.3 厘米
南京博物院藏

释文：奉天承运皇帝制曰：树屏隆乎建戚，事炳周京；疏爵尚乎录功，道光汉策。式谷眷义方之秉，辉瑶牒以酬庸；维藩邀恩命之敷，涣纶言而锡秩。尔皇次子绵宁，彤闱毓质，紫极承晖；协度中和，训行而遵诗礼；宅衷端亮，敬慎以事君亲。盖诚至则勇生，身先捍御；繄理明则识定，力致安全。于国于家，克忠克孝。朕仰惟笃祜，嘉乃徽猷，宜优奖之，特加示大公而行赏，兹封尔为“和硕智亲王”，锡之册命。于戏！崇勋茂著，愿共励于廷僚；丕训诞膺，勉益娴乎家法。钦哉。嘉庆十八年九月十六日。

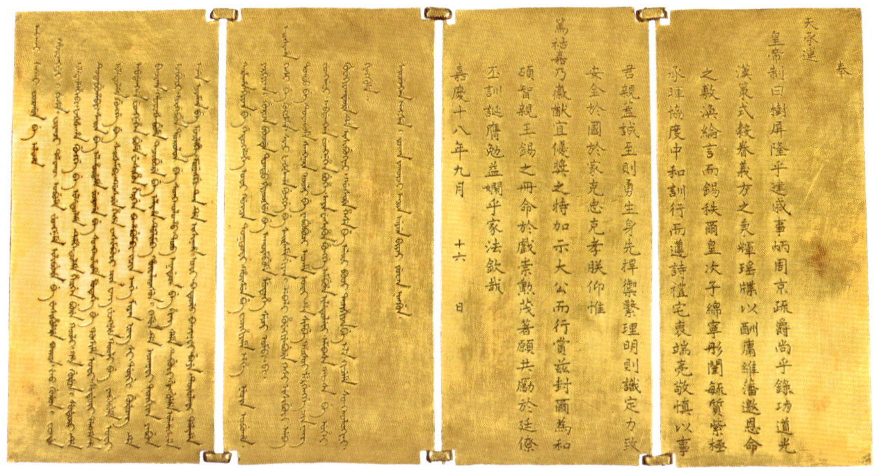

御赐和硕智亲王继福晋佟佳氏金册

清嘉庆
每页纵 22.8 厘米，横 10.4 厘米
南京博物院藏

释文：奉天承运皇帝制曰：朝倚宗亲之辅，爰启藩封邦。崇雍肃之风，必敦壶教。既宜家而备美，应从爵以分荣。咨尔和硕智亲王继福晋佟佳氏，赋性端良，秉心淑慎，发祥华胄。奉内则以无违作配王宫，供妇职而咸尽。既相夫以雍肃，复宜室以柔嘉。是用封尔为“和硕智亲王继福晋”。锡之金册，贵极笄珈。光生袆翟，诗称窈窕。乃克著乎，令仪易表。安贞宜益，隆大顺德。修齐无斁，福禄攸同。钦哉。嘉庆十八年十二月十六日。

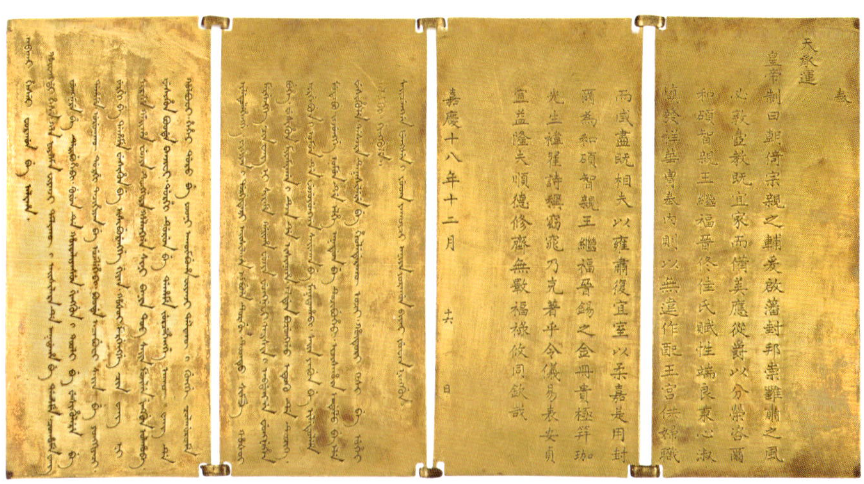

铜珐琅带盖炉

清康熙

通高 13.2 厘米，腰径 15.5 厘米

南京博物院藏

此炉体圆形，盖顶饰铜镀金镂空桃形花纽，罩下镂雕，底置铜镀金兽首四足。器身施浅蓝色珐琅釉，饰彩釉勾莲纹，造型小巧秀美。

铜珐琅菱花式三足彝炉

清乾隆

高 28.3 厘米，口径 37 厘米

南京博物院藏

此炉器型大，胎骨厚重，色彩绚丽，图案吉祥，掐丝细而流畅。炉为菱花式，下置铜镀金象首足，生动写实。外壁蓝色珐琅釉地上半部有九对菱花瓣形开光，开光内饰吉祥花纹，下半部绘花卉纹。口沿外镌“大清乾隆年制”六字楷书款。

铜珐琅亭式香筒

清

高 105 厘米，宽 26 厘米

南京博物院藏

香筒为清代皇帝宝座两旁的陈设，因顶部为亭子式，也称香亭。香筒内可燃放檀香，青烟从镂空筒身飘出，云烟缭绕，“亭”与“定”谐音，寓意太平、安定、大治。

此件器物运用錾刻、掐丝、镀金等工艺制作完成，技艺精湛。上部为铜镀金重檐六角攒尖顶，飞檐角下各悬挂一个风铃。筒身采用镂空五彩朵云纹，两条镀金五爪龙攀附于筒身，造型生动，矫健有力。

铜珐琅三足带盖鼎

清

通高 38.5 厘米，通宽 27.5 厘米

南京博物院藏

此炉身为圆鼎式，下置铜镀金象鼻足，外壁蓝色珐琅釉，饰六瓣花瓣锦地纹，上部有六只菱花瓣形凤鸟图案开光，开光内分别饰凤鸟和吉祥花纹样。炉身两侧饰灵芝如意耳。盖亦为六瓣花瓣锦地纹上饰凤鸟吉祥花开光，纽为镂空缠枝花卉，顶饰太极图。

铜鹤式香熏

清

通高 92 厘米；底座长 33 厘米，宽 24 厘米

南京博物院藏

香熏为清代宫廷陈设用品，置于宝座两侧。鹤式香熏呈昂首站立鸣啼状，通身錾刻羽纹，腹空，内贮香料，上覆羽翅为盖，香气通过张开的鹤嘴飘出。底置一椭圆形铜铅座，鹤之双足底出榫，可插于底座之上。

“一品诰命夫人”金冠

清

高 15 厘米，长 24 厘米，宽 16 厘米

南京博物院藏

明清时期诰封制度完备，皇帝对文武官员赐封爵位名号，五品以上官员皆授以诰命，六品以下者授以敕命，其妻从夫品级，故有“诰命夫人”之说。

此件“一品诰命夫人”金冠为清代状元毕沅（1730—1797）的夫人所有。金冠字牌上刻有“日月”“恩荣”“奉天”“诰命”“朝冠”十字。

翡翠朝珠

清

周长约 150 厘米

南京博物院藏

根据《大清会典》规定："凡朝珠，王公以下，文职五品、武职四品以上及翰詹、科道，侍卫、公主、福晋以下，五品官命妇以上均得用。"朝珠每盘由一百零八颗圆珠串成。一盘圆珠分属四份，份间加不同质地的大圆珠一颗，叫作"佛头"，其中有一佛头连缀葫芦形的"佛塔"，贯以"背云"垂于背，在朝珠两侧还有三串十颗小珠，左二串，右一串，名为"记捻"。朝珠象征四季，一百零八颗圆珠代表一年十二个月、二十四节气、七十二候，四个佛头象征春、夏、秋、冬四个季节，下垂于背后的佛头、佛塔、背云，寓意"一元复始"，三串记捻表示一月中的上、中、下三个旬期，总和为三十天。

此串朝珠由一百零八粒碧绿晶莹的翡翠组成，佛头粉红透明；旁有三串记捻，背云为金质圆形饰物；中嵌碧玺一，四周嵌蓝宝石一、绿宝石二、红宝石三。

Cultural and Military Achievement

文治武功

The Russia

历代沙皇励精图治，旨在打造一个幅员辽阔、民殷国富的强大帝国。彼得一世设立参政院，废除牧守制，颁布《官阶表》，改造俄罗斯军队，仿效英国和荷兰建立手工工场等，全面学习欧洲的科学技术和思想观念，让帝国的面貌焕然一新。叶卡捷琳娜二世时期经济方面的自由政策和军事上的强势顺应了帝国发展的要求，她与西班牙、葡萄牙、丹麦等国签署了一系列商贸条约，保障了对外贸易和资本主义工商业的有序发展。到她去世时，国家税收比她登基之初翻了一番。俄罗斯帝国的50个省中，有11个是在叶卡捷琳娜二世在位期间获得的。

文件盒

1853—1859 年

铜，钢；浇铸，压花，镀金，镀银

55 厘米 ×38 厘米 ×35 厘米

俄罗斯联邦国立历史博物馆藏

这只文件盒用于存放16世纪律法书、卢塞尼亚司法文书等重要文件。外形由艺术家、建筑师和历史学家索尔采夫（1801—1892）设计，具有鲜明的俄罗斯风格。

皇家特许状

1869 年

羊皮纸，油墨，水粉，水彩，金银熔液，硬纸板，天鹅绒，

流苏，云纹绸，猪皮，金银丝线，珐琅，蜡，银

封面 61.6 厘米 × 48.7 厘米；盒高 5 厘米，直径 30 厘米；

流苏长 15 厘米

俄罗斯联邦国立历史博物馆藏

这是亚历山大二世授予俄罗斯帝国伯爵、海军上将叶·瓦·普提雅廷（1803—1883）的皇家特许状。

近卫军团上校服饰

18 世纪初
卡夫坦长袍：呢绒，金边饰，黄铜扣饰
后背长 126.5 厘米

领饰：镀金铜，珐琅，丝带
18 厘米 ×23 厘米，丝带长 102 厘米

围巾：彩色丝线
长 220 厘米（不含流苏），流苏长 22 厘米

剑佩带：牛皮，黄铜
皮带长 90 厘米，带扣 58 厘米 ×34.5 厘米

带鞘长剑：钢，镀金铜，羔羊皮，天鹅绒
剑长 102 厘米，鞘长 84 厘米

剑穗：彩色丝线，银丝线
缠绕剑鞘部分长 10 厘米，流苏长 9 厘米
俄罗斯联邦国立历史博物馆藏

这套普列奥布拉任斯基近卫军团上校制服为彼得一世旧物，1709 年他身着此制服在波尔塔瓦战役中击败了瑞典国王查理十二世。彼得一世早年建立了普列奥布拉任斯基近卫军团和谢苗诺夫斯基近卫军团，这两支军团后来成为他执政时的嫡系部队。

军事改革是彼得一世改革的重心。他实施义务征兵制；聘请外国军事顾问，派遣贵族青年到国外学习；在国内开办各种军事技术学校；创建第一支海军，并制定《海军章程》；调整军队统帅机构，引进国外的新式武器和战略、战术等。彼得一世当政末年，俄罗斯帝国已拥有一支约 20 万人的庞大陆军和一支包括 48 艘战舰及一大批辅助舰的海军，成为欧洲军事强国之一。

彼得一世对军队制服进行了改革，将原有的波兰式或俄式制服改为欧式制服。制服外面的长衣基本为深绿色；军官的制服要有金银边饰，用以判断军种和军衔；不同场合军人的着装有特定的要求。1715 年左右，军队全部完成制服的更换。

1698 年俄军制服上出现了近卫军军官的标记——领饰，1715 年最终定型为半月形状。校官佩戴镀金领饰，领口下方为圣安德烈十字架。用彩色丝线织成的围巾是军官身份的另一种象征。

胸甲

19 世纪 40 年代

黄铜，皮革，丝线；压花，铆接，鞣革，编织

前胸 51 厘米 ×48 厘米，后背 53 厘米 ×50 厘米

俄罗斯联邦国立历史博物馆藏

头盔

1830—1840 年
黄铜，牛皮，马鬃，珐琅
高 44 厘米，底部 28.5 厘米 ×17.5 厘米
俄罗斯联邦国立历史博物馆藏

此款为胸甲骑兵团近卫军仪仗队军官佩戴的头盔。头盔正面镶嵌铜板，装饰有圣安德烈星章。俄罗斯帝国第一支胸甲骑兵团成立于 1731 年，到叶卡捷琳娜二世统治末期已发展为 16 支，他们是重骑兵的代表，在帝国军队中发挥着重要的作用。

头盔

1878 年
钢，黄铜，羔羊皮，麻布，珐琅
高 36.5 厘米，底部 19 厘米 ×30 厘米
俄罗斯联邦国立历史博物馆藏

此款为宪兵队近卫军团低级军官头盔。宪兵队近卫军是皇帝近卫军中的骑兵，成立于 1815 年。

高筒军帽

19 世纪 30 年代
呢绒，牛皮，黄铜，羊毛，流苏，纸板
帽高 23 厘米，底部 17 厘米 ×19 厘米，绒球直径 8 厘米
俄罗斯联邦国立历史博物馆藏

此款为巴甫洛格拉德骠骑兵团低级军官高筒军帽。骠骑兵，即轻骑兵，只装备轻型武器和快马，擅长利用速度突击敌方防线，也执行侦察或搜索等任务，叶卡捷琳娜二世时期开始建立。

佩剑

18 世纪

钢，黄铜，木，牛皮；铸造，压花，镀金，雕刻

剑长 106.5 厘米，鞘长 91 厘米

俄罗斯联邦国立历史博物馆藏

这是近卫军骑兵团低级军官使用的一把佩剑，剑柄上刻有叶卡捷琳娜二世的花字。

佩剑是重骑兵的武器装备，17 世纪在俄罗斯出现，彼得一世时期广为流行。1722 年，彼得一世颁布“官职等级表”，文武官职各分为 14 级，根据官员的知识水平、才能和贡献决定其晋升或降级，打破了贵族世袭制度和门阀观念，量才任用，论功取仕。

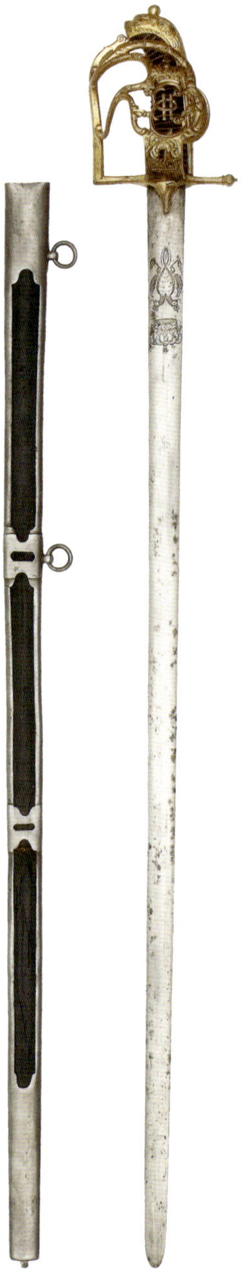

军刀

1855 年
大马士革钢，银；铸造，镀金，雕刻
刀长 97.5 厘米，鞘长 80 厘米
俄罗斯联邦国立历史博物馆藏

1855 年基辅骑兵军团的军官们将此军刀献给自己的总指挥伊·阿·哈列茨基。

此刀的十字形刀柄两侧分别雕刻了与大力神赫拉克勒斯相关的神话故事。刀柄为头戴金盔的赫拉克勒斯。刀鞘两侧装饰有五组战斗场面：一面为君士坦丁发动的米尔维安桥之战、特洛伊战争中的阿基琉斯和赫克托耳战役、特洛伊战争中的亚马逊战役；另一面为 1812 年 10 月的鲍罗金诺战役、发生在维特根施泰因大军间的波洛茨基战役。军刀上还装饰有莱比锡战役的场景。

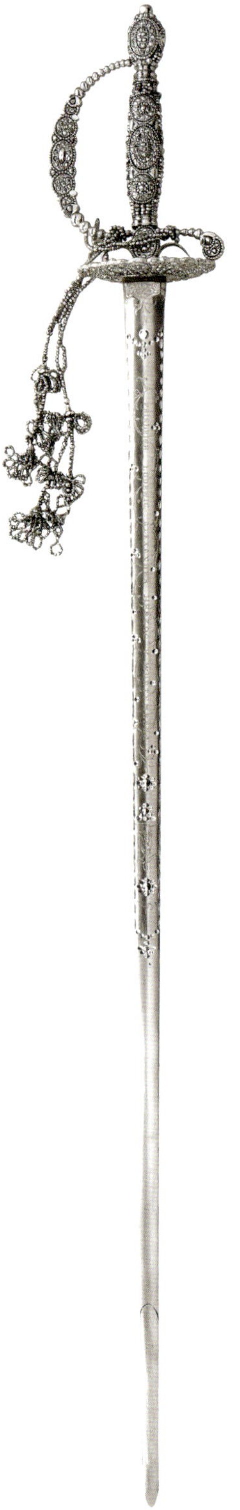

仪仗重剑

18 世纪
钢；铸造，雕刻
长 98.8 厘米
俄罗斯联邦国立历史博物馆藏

这把长剑属于维尤尔捷姆别尔格斯基公爵（1771—1833），他曾在 1812 年卫国战争中立下赫赫战功。

此剑由图拉兵工厂铸造，精湛的切割打磨技术令钢制剑柄犹如镶了成百上千颗钻石般熠熠生辉。

小号

19 世纪末
银，牛皮，云纹绸，流苏；铸造，雕刻，编织
高 38 厘米
俄罗斯联邦国立历史博物馆藏

银制小号通常是给予部队的一种集体奖励。根据小号喇叭口的文字记载，这把银制格奥尔吉耶夫斯克小号是奖给阿斯特拉罕手榴弹营的，以表彰他们在土耳其战役中立下的战功。

“皇家步枪手”座钟

19 世纪末
红色大理石，黄铜，银；铸造，雕刻
42 厘米 ×41 厘米 ×21 厘米
俄罗斯联邦国立历史博物馆藏

此座钟题有“皇家步枪手”“赐给巴西里·亚历山德罗维奇·库普金”“奖励他对沙皇和祖国的忠诚”等文字。

Cultural and Military Achievement
文治武功

The Qing

清政府在统一国家的过程中展现了强大的军事实力，平三藩、收台湾、平定准噶尔、征战大小金川，为现代中国的版图和多民族国家的发展奠定了基础。康雍乾时期，在经济建设方面创下了许多影响后世的重大业绩，如招民垦荒、治理河道、轻徭薄赋等举措的实施，有力地保障了耕地面积的扩大，劳动人口的增加，粮食产量的提高。这一百多年间的文化成就亦不可小觑，《康熙字典》《全唐诗》《古今图书集成》《四库全书》等体量巨大的作品在皇帝的授意下编纂完成，成为中国文化宝库中的璀璨瑰宝。

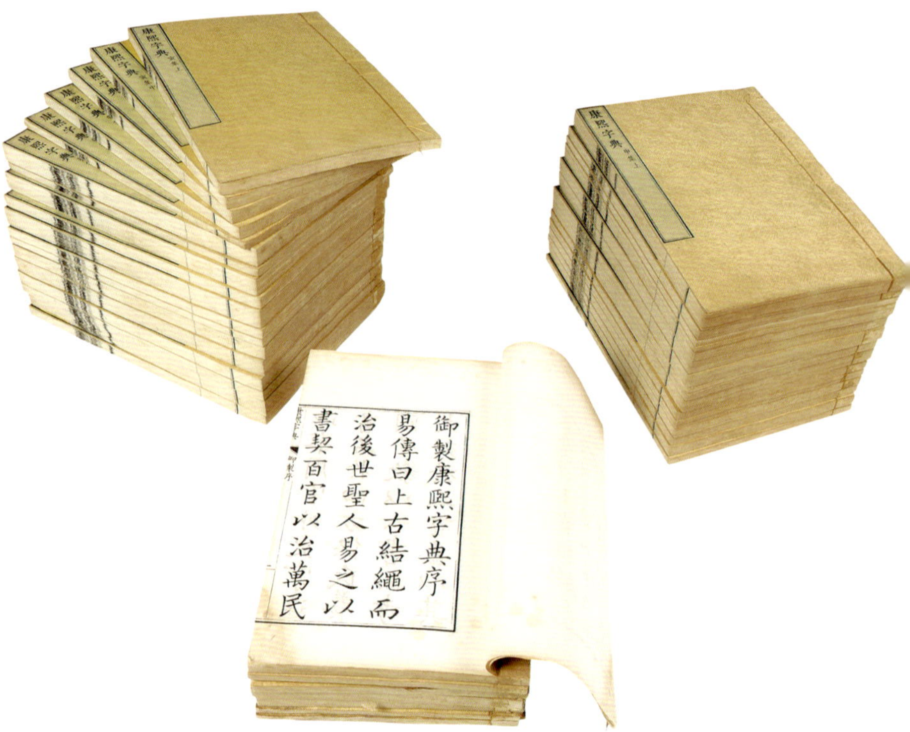

《康熙字典》（内府本）

清康熙
纵 29 厘米，横 19.2 厘米
南京博物院藏

此书由张玉书、陈廷敬等三十余位学者奉敕编纂，以明代《字汇》《正字通》为基础，“增《字汇》之阙疑，删《正字通》之烦冗”而成。此书编撰工作始于康熙四十九年（1710），成书于康熙五十五年（1716），历时六年。

《康熙字典》按地支分“子”至“亥”12集，每集复分上、中、下，共收字 46 964 个，是汉字研究的主要参考文献之一。

此套字典为内府刻本，由康熙御制序。

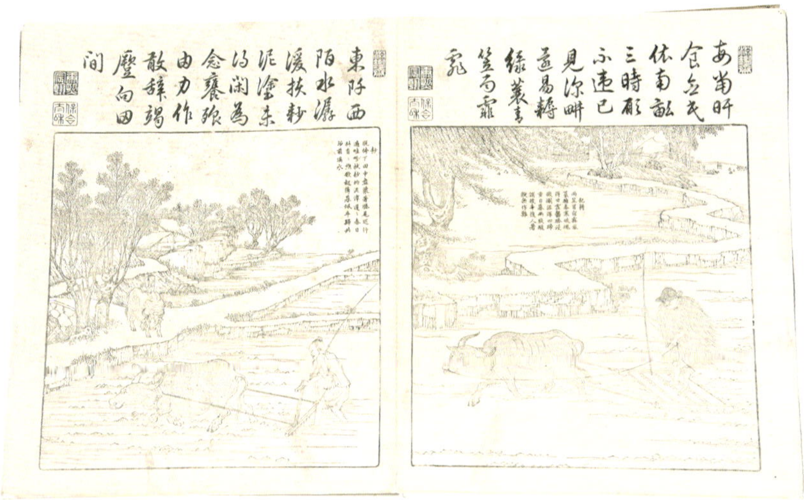

《御制耕织图》（内府本）

清康熙

纵 34.5 厘米，横 28 厘米

南京博物院藏

《御制耕织图》以江南农村生产为题材，系统描绘粮食从浸种到入仓，蚕桑从浴蚕到剪帛的操作过程，其绘写渊源可上溯至南宋。

此《御制耕织图》为康熙皇帝题诗，焦秉贞绘图，朱圭、梅裕凤镌刻，清康熙三十五年（1696）内府本初印，耕图、织图各 23 幅，共计 46 幅。画法融入西方焦点透视法，纤细秀丽，刻法圆润秀挺，曲尽其妙，是中国古代版画史上的一部传世经典。

《御制棉花图》瓷册

清乾隆

上函高 11.5 厘米，长 15 厘米，宽 11.1 厘米；下函高 11 厘米，长 15 厘米，宽 11.1 厘米

南京博物院藏

图册由 34 块瓷板镶裱而成，梵夹装，一套二本。封二、封三由金笺裱附，面和底由红木相夹，封面先刻后填金彩隶书“御制棉花图”。

瓷册内容起首是康熙帝《木棉赋》，接着是由 32 块瓷板组成的《棉花图》。瓷板均罩白釉，釉面呈细波浪纹。每面右板为图，左板为技术解说词和乾隆帝御题诗，诗尾都有乾隆帝玺印。《棉花图》描绘了陕甘宁地区从植棉、纺绩、收贩到织染成布的整个过程，画面不仅表现植棉、织布的各个生产场面，而且有宝宝送奶、母子隔墙耳语等许多生活场景。

《棉花图》是由时任直隶总督方观承（1698—1768）在督管陕甘地区期间组织描绘的，乾隆三十年（1765）皇帝赐诗后，称《御制棉花图》。

吴三桂密奏

清顺治

纵 25.5 厘米，横 115 厘米

南京博物院藏

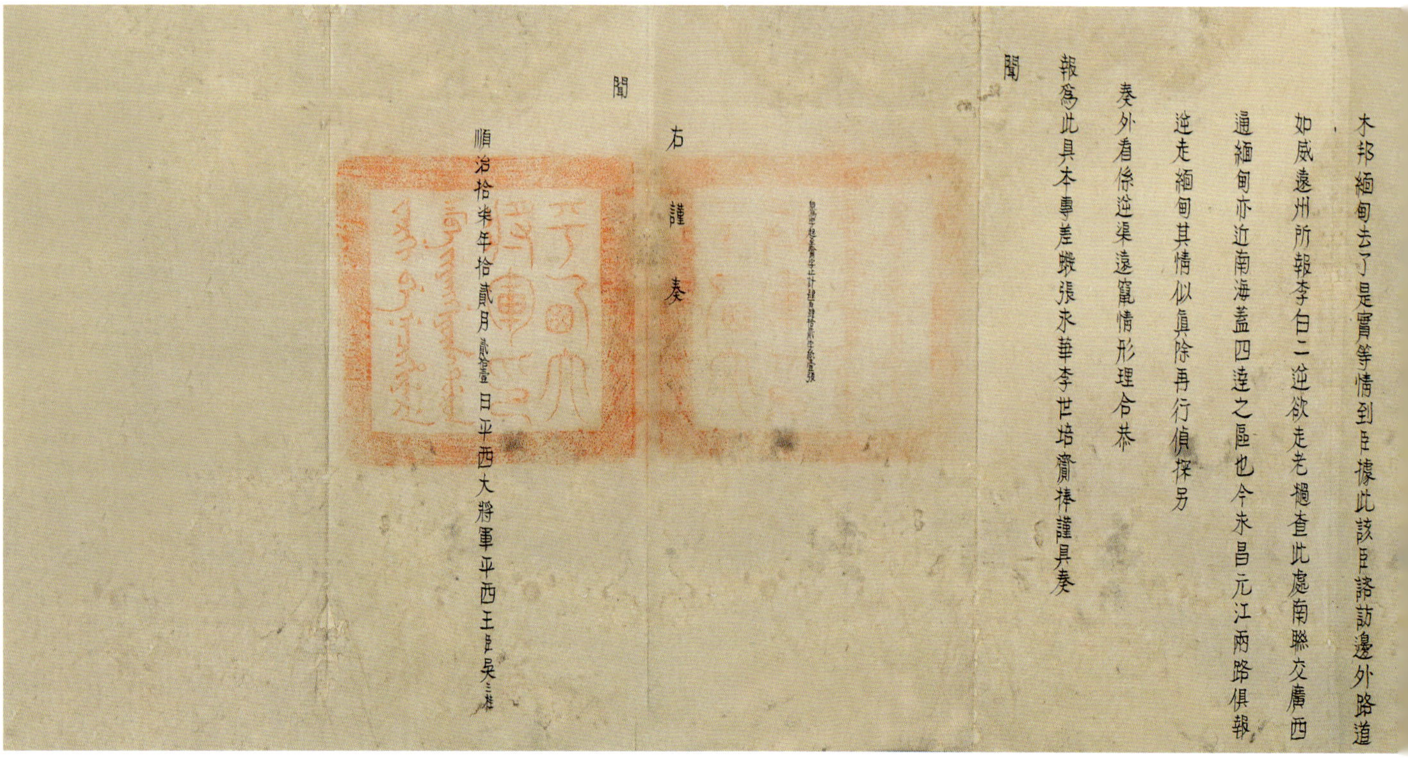

木邦縆甸去了是實等情到臣據此該臣諮訪邊外路道

如威遠州所報李白二逆欲走老撾查此處南聯交廣西

通縆甸亦近南海蓋四達之區也今永昌元江兩路俱報

逆走縆甸其情似眞除再行偵探另

奏外看係逆渠遠竄情形理合恭

報爲此具本專差撥張永華李世培賫捧謹具奏

聞

右謹奏

聞

順治拾柒年拾貳月貳拾壹日平西大將軍平西王臣吴三桂

释文：密奏。钦命平西王大将军、平西王臣吴三桂谨密奏为恭。报边外逆渠情形事。顺治十七年十月二十五日，据元江副将王君瑞启，据边外车里宣慰刀木祷报称，有车里被掳百姓今自孟艮逃回说，李定国于九月内将孟艮烧杀一空逃去等情。臣即申饬沿边镇将、土司侦探防御。去后，十二月初八，据威远州土官刀汉臣、差土舍刀循良等赴省报，称李定国将伪广国公贺九义打死，贺营官兵鼓噪逃出，李定国恐怕贺营官兵出来投诚，引大兵进去捉他，于九月初五、六两日，将孟艮城里房子尽烧，孟艮彝人少壮者掳去，老弱幼小的杀了，初七日撤营走景迈、景线，奔伪巩昌王白文选一处，要往老挝等情。十二月十二日，又据防守永昌总兵官张国柱、沈应时启，据镇康州土舍杨国泰报称，探得李定国、白文选今已合营，前往缅国等情。十二月十七日，又据元江副将王君瑞启，据车里把事叭细领报称，刀宣慰前差土人叭木往孟艮侦探于十二月初一日回来说，李定国将孟艮百姓尽杀，房屋粮食尽烧，走木邦缅甸去了是实。等情到，臣据此该臣咨访边外路道，如威远州所报，李、白二逆欲走老挝。查，此处南联交、广，西通缅甸，亦近南海，盖四达之区也。今永昌、元江两路俱报逆走缅甸，其情似真，除再行侦探另奏外，看系逆渠远窜情形理合恭报。为此具本，专差虾张永华、李世培赍捧，谨具奏闻。自"为"字起，至"赍"字止，计四百四十二字，纸一张。右谨奏闻。顺治十七年十二月二十一日，平西大将军、平西王臣吴三桂。

钤印：平西大将军印（汉满双朱文）

蓝批：览上奏逆渠李定国等远窜□□，知道了，兵部知道。

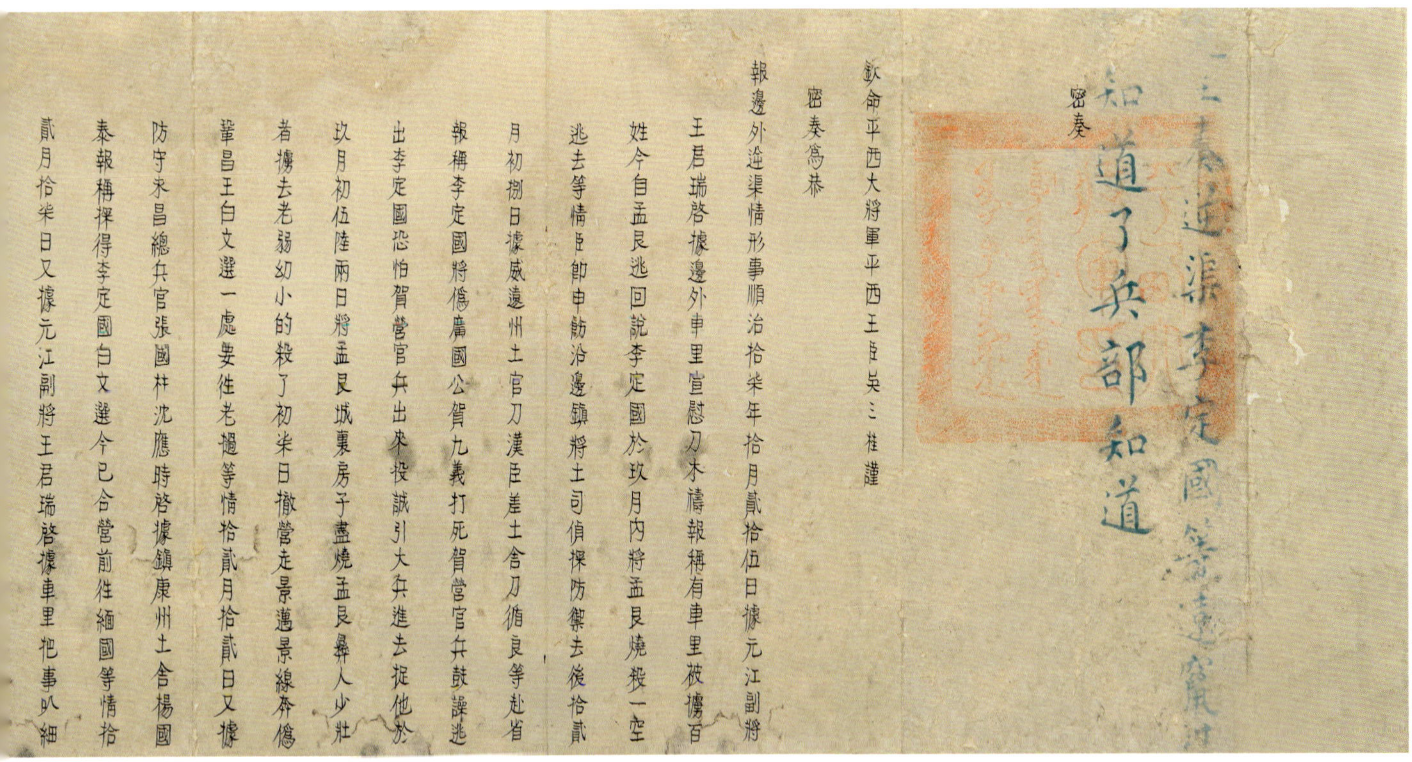

覽上奏逆渠李定國等遠竄
知道了兵部知道
密奏
欽命平西大將軍平西王臣吳三桂謹
密奏爲恭
報邊外逆渠情形事順治拾柒年拾月貳拾伍日據元江副將
王君瑞啓據邊外車里宣慰刀木禱報稱有車里被擄百
姓今自孟艮逃回說李定國於玖月內將孟艮燒殺一空
逃去等情臣即申飭沿邊鎮將土司偵探防禦去後拾貳
月初捌日據威遠州土官刀漢臣差土舍刀循良等赴省
報稱李定國將僞廣國公賀九義打死賀營官兵鼓譟逃
出李定國恐怕賀營官兵出來投誠引大兵進去捉他於
玖月初伍陸兩日將孟艮城裏房子盡燒孟艮彝人少壯
者擄去老弱幼小的殺了初柒日撤營走景邁景線奔僞
鞏昌王白文選一處要往老撾等情拾貳月拾貳日又據
防守永昌總兵官張國柱沈應時啓據鎮康州土舍楊國
泰報稱探得李定國白文選今已合營前往緬國等情拾
貳月拾柒日又據元江副將王君瑞啓據車里把事叭細

夏之芳殿试卷

清雍正

每折纵 48 厘米，横 14 厘米

南京博物院藏

科举制是中国古代一种通过考试选取官吏的制度，以分科取士，打破了用人制度上的血缘世袭关系和世族的垄断，始于隋朝大业元年（605），至清光绪三十一年（1905）举行最后一科进士考试止，历经 1300 年，是世界上延续时间最长的选拔人才的办法。明清以来正式的科举考试分为乡试、会试、殿试三级，殿试为最高级，由皇帝亲自定题。

此件为雍正元年（1723）癸卯恩科殿试第二甲第三十六名江南扬州府高邮州人夏之芳的殿试卷。夏之芳考中恩科进士后在清宫担任教习，于雍正五年（1727）为巡察使兼台湾学政，在处理民族矛盾中多有建树。

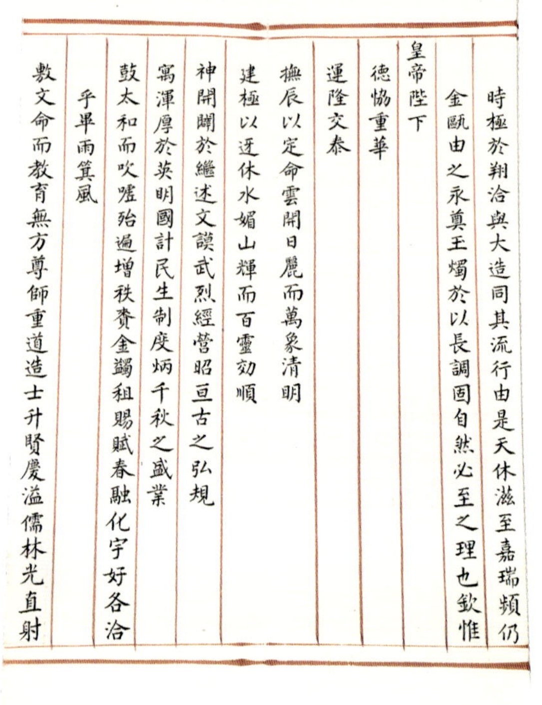

時極於翔洽與大造同其流行由是天休滋至嘉瑞頻仍
金甌由之永奠王燭於以長調固自然必至之理也欽惟
皇帝陛下
德協重華
運隆文泰
撫辰以定命雲開日麗而萬象清明
建極以迓休水媚山輝而百靈効順
神開闢於繼述文謨武烈經營昭亘古之弘規
寓渾厚於英明國計民生制度炳千秋之盛業
鼓太和而吹噓殆遍增秩賚金蠲租賜賦春融化宇好各洽
乎畢雨箕風
敷文命而教育無方尊師重道造士升賢慶溢儒林光直射

嘉庆朱批闽浙总督魁伦奏折

清嘉庆

每折纵 21.3 厘米，横 10.1 厘米

南京博物院藏

清代官员向皇帝奏事或请旨的文书称为奏折，由于文件用折叠形式，故名。奏折中有皇帝阅后亲自用朱笔批示者，称朱批奏折。奏折制度是清代皇帝在处理政务上的一种改进，在简化文牍手续、保密、避免中间环节作弊等方面都有一定作用。

此件为嘉庆二年（1797）十一月初七日闽浙总督魁伦关于巡阅营伍、察看民情的奏折，上有嘉庆帝“好”“今得雨否”“知道了”等多处批示。

释文：奏。闽浙总督臣魁伦跪奏。为巡阅营伍，经过兴化、泉州、厦门、漳州各府厅属察看民情安贴，并查明：台湾被风之后，商贩米船仍属照常内运，足资接济，缘由恭折奏闻事。（朱批：好）窃臣前因台湾府属偶被风灾，秋收歉薄，诚恐商贩稀疏，于内地漳、泉一带民食有碍，是以奏明改由兴化、泉、厦、漳州一路巡阅营伍，以便沿途察看民情，调剂粮价。兹臣于十月二十一日自省起程，于十一月初五日行抵漳州府城，除阅过水路官兵（容俟汇折具奏）外，所有臣经由之兴化、泉州、厦门、漳州各府厅属，留心察看地方民情，均甚宁贴。（朱批：好）至各处粮价，先因台郡被风，传闻异词，每米一石较前骤增二三百文及四五百文不等。（朱批：民情日坏□□）嗣经臣与抚臣出示严禁，不许行商、铺户人等囤积抬价，并将台湾因灾歉收业已奏蒙圣鉴，将来如遇市价高昂，自当随时调剂官为平粜各缘由明白晓谕。兼自九月十六日起，至十月二十八日止，厦门、蚶江二口共运到台米五万三千余石，小民知有接济，市侩不敢居奇，现在粮价亦已日就减落。（朱批：好）再于途次接据台湾鹿仔港理番同知吉寿禀称，该处偶被风灾，晚禾虽损而民间盖藏尚裕，米价不致过昂，并询之自台回棹各船户，据称，月前鹿港海口因风积有沙硬一道，以致内渡船只稀少，并非台米缺乏。近日大潮汛起，已将积沙冲开，商贩船只照旧流通各等语。（朱批：好）是台米仍属源源内运，漳、泉民食足资接济，请无上廑圣怀。惟自省城以至泉、漳一带，二麦均已出土，因入冬以后雨泽稍稀，未能及时长发，如旬日之内得有透雨，即可一律芃茂。（朱批：今得雨否？）臣谨恭折奏闻，伏乞皇上睿鉴。再臣拜折后，即由漳州前赴汀州、邵武、建宁、延平各镇协营查阅营伍，回省合并陈明谨奏。（朱批：知道了）

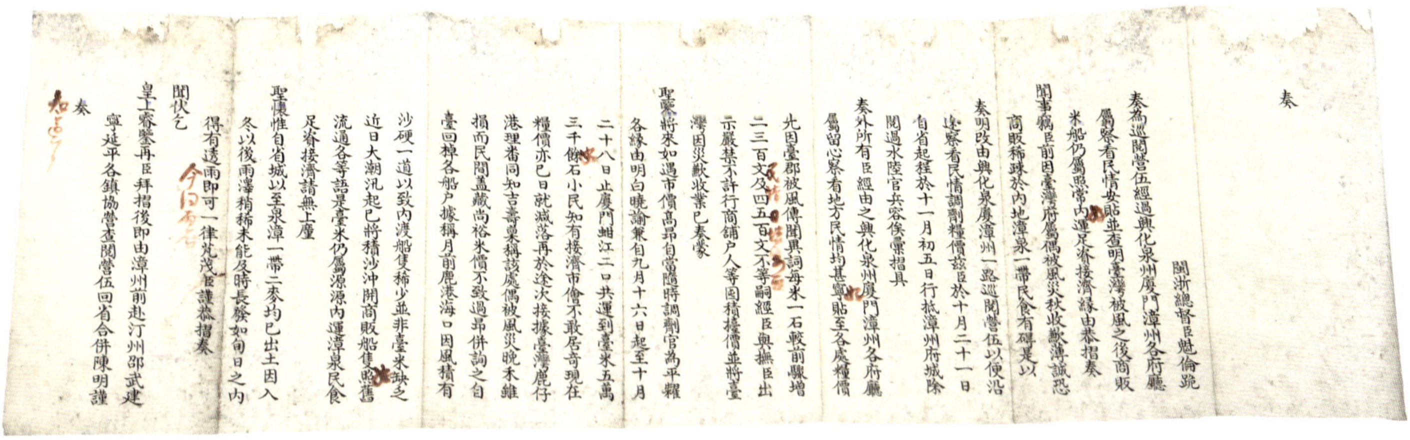
奏
閩浙總督臣魁倫跪
奏為巡閱營伍經過興化泉州廈門漳州各府廳
屬察看民情安貼並查明臺灣被風之後商販
米船仍屬照常內運足資接濟緣由恭摺奏
聞事竊臣前因臺灣府屬偶被風災秋收歉薄誠恐
商販稀踈於內地漳泉一帶民食有碍是以
奏明改由興化泉廈漳州一路巡閱營伍以便沿
途察看民情調劑糧價茲臣於十月二十一日
自省起程於十一月初五日行抵漳州府城除
閱過水陸官兵容俟彙摺具
奏外所有臣經由之興化泉州廈門漳州各府廳
屬留心察看地方民情均甚寧貼至各處糧價
先因臺郡被風傳聞異詞每米一石較前驟增
二三百文及四五百文不等嗣經臣與撫臣出
示嚴禁不許行商鋪戶人等囤積擡價並將臺
灣因災歉收業已奏蒙
聖鑒將來如遇市價高昂自當隨時調劑官為平糶
各緣由明白曉諭兼自九月十六日起至十月
二十八日止廈門蚶江二口共運到臺米五萬
三千餘石小民知有接濟市儈不敢居奇現在
糧價亦已日就減落再於途次接據臺灣鹿仔
港理番同知吉壽稟稱該處偶被風災晚禾雖
損而民間蓋藏尚裕米價不致過昂並詢之自
臺回棹各船戶據稱月前鹿港海口因風積有
沙硬一道以致內渡船隻稀少並非臺米缺乏
近日大潮汛起已將積沙沖開商販船隻照舊
流通各等語是臺米仍屬源源內運漳泉民食
足資接濟請無上廑
聖懷惟自省城以至泉漳一帶二麥均已出土因入
冬以後雨澤稍稀未能及時長發如旬日之內
得有透雨即可一律芃茂臣謹恭摺奏
聞伏乞
皇上睿鑒再臣拜摺後即由漳州前赴汀州邵武建
寧延平各鎮協營查閱營伍回省合併陳明謹
奏

《康熙南巡图》第七卷

王翚等
清（约 1691 年）
卷，纸本，设色
纵 65 厘米，横 2995 厘米
南京博物院藏

《康熙南巡图》描绘了己巳年（1689）康熙帝第二次南巡时，沿途所见山川城池、名胜古迹、农商经济、风土人情等，是清代著名画家王翚（1632—1717）统筹完成的作品，色彩鲜明，手法工整，极具史料价值和艺术价值。

该图共十二卷，正本散藏于国内外各大收藏机构，南京博物院所藏此稿为正本第七卷之粉本，描绘的是南巡图江苏无锡至苏州段的山水、民居、城垣、店铺、舟桥、良田等。正本第七卷现流失域外，故此粉本对于研究该图创作过程愈显珍贵。

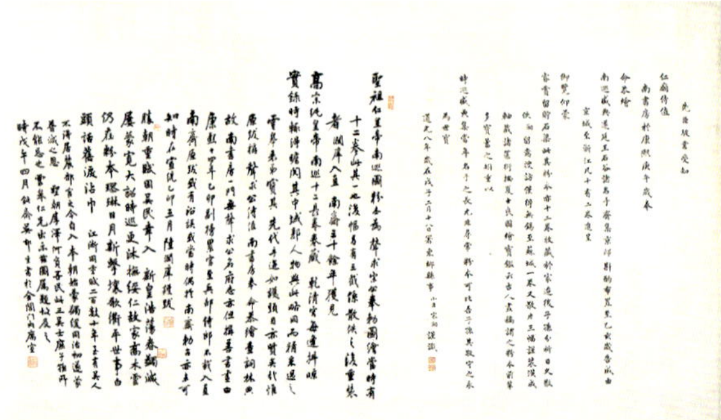

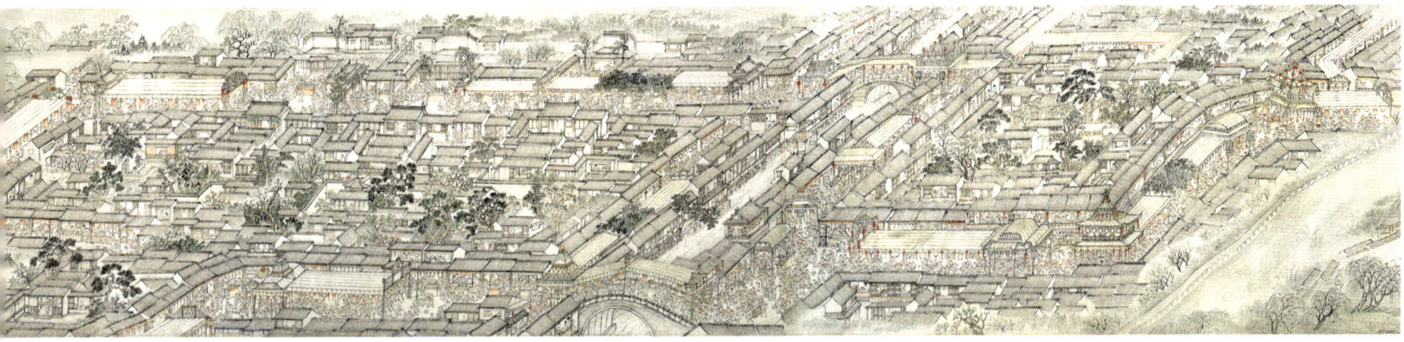

外蓝釉金彩内粉彩乾隆帝行围图转旋瓶

清乾隆

高 60.5 厘米，口径 20 厘米，腹深 52 厘米

南京博物院藏

转旋瓶分盖、颈、腹部外瓶、内胆、夹层、底盘六个部分烧造，最后装配而成。瓶盖为覆碟形，有子口；颈部对称排列四只金彩夔龙耳；腹部有外瓶、夹层小平台和内胆三层结构，外瓶上有圆形镂空、小平台上的人物牙雕、内胆上悬挂的人物牙雕和内胆上所绘的粉彩山水人物纹等四层装饰，组合成乾隆帝行围图的立体场景。转动瓶颈，腹部内瓶跟着旋转，有走马灯的效果，在摆动的人群后面，乾隆帝策马而来，扬鞭而去，仪仗、侍卫前呼后拥，欢迎的人群和背景不断变换。圈足内罩白釉，绘青花“大清乾隆年制”篆书印章款。

此转旋瓶曾放置于奉天行宫，是一件纪念清帝东巡的孤品。

镶黄旗甲胄

清

盔高 58 厘米，甲衣长 78 厘米，甲裙长 74 厘米

南京博物院藏

清代八旗的军事组织制度由清太祖努尔哈赤制定，分为正黄旗、镶黄旗、正白旗、镶白旗、正红旗、镶红旗、正蓝旗、镶蓝旗。八旗盔甲种类、型制相同，颜色不同。正黄旗通体黄色，正白旗通体白色，正红旗通体红色，正蓝旗通体蓝色。镶黄、镶白、镶蓝三旗各以原旗本色为主，边缘饰红色；镶红旗甲中为红色，边缘饰白色，以示区别。

此为镶黄旗甲胄，亦为大阅甲，非战时用品。甲以棉布为里，绸为面，饰以铜钉；胄为牛皮制成。此类盔甲为乾隆年间两次由杭州织造局织造，达数万套，供大阅时穿用，平时则贮藏于紫禁城西华门城楼内。

白玉嵌宝石柄金桃皮鞘“含英”腰刀

清乾隆
通长 96 厘米，刃长 72 厘米，柄长 20 厘米
故宫博物院藏

白玉卷首柄，嵌金丝为缘，内嵌红、绿宝石一百余块，柄端系明黄丝穗，中饰铜镀金莲花座嵌绿松石坠。菱形护手，钢刃，近銎处错金、银、铜三丝相间图案，一面隶书铭文：“天字二十九号”“含英”；另一面为“乾隆年制”款，款下以银丝嵌成人物图，一人持刀展示，一人惊叹刀之精美，寓意刀名。刀鞘木质饰金桃皮，首尾饰件琫、珌为铁鋄金镂空花纹。横束铁鋄金镂雕蟠螭纹箍，二道，鞘背为铁鋄金提梁，系明黄丝绦带与铜镀金环相属，以为佩挂之用。

清宫造办处从乾隆十三年（1748）至乾隆六十年（1795）间，共制作了四批刀剑，每批刀三十把，剑三十把，共计二百四十把，按“天”“地”“人”编号，分上、下品级，每五把一组，盛放在四十八只楠木箱内，命名曰“湛锷韬精”。此腰刀即为其中之一。

烧蓝镶宝石绒面鞘匕首

清
通长 35.8 厘米，刃长 25 厘米，柄长 11.5 厘米
故宫博物院藏

卷首形烧蓝柄，嵌红、绿、蓝宝石和钻石，柄端嵌祖母绿一块。护手镶嵌钻石一圈。钢刃，前锐，后曲。近护手处饰花卉纹烧蓝，嵌红、绿宝石和钻石等。鞘木胎，外包红绒，琫、珌皆镶花卉纹烧蓝，嵌红、绿、蓝宝石和钻石。此匕首做工精细，用料考究，华贵至极。

Religious Art

天工神韵

The Russia

公元988年，东正教成了古罗斯的国教，经过几百年的教化，东正教已与俄罗斯民族紧密地融合在一起。彼得一世的改革取消了宗主制度，规定沙皇是“最高牧首”，东正教的加冕为沙皇披上了神圣的外衣，沙皇成了人间的“上帝”，而教会也成了王权的附庸。俄罗斯帝国近三分之二的居民都是东正教教徒。除了主持礼拜仪式和教育活动，教会还具有出生登记、婚姻登记、死亡证明等职能。出生受洗、结婚典礼也须履行相关的宗教仪式。正是因为东正教与社会生活的密不可分，俄罗斯保存下来的建筑、绘画、装饰等文化遗产普遍富有宗教艺术趣味。

《福音书》

1749 年
银，珐琅，纸，木，铜；镀金，雕镂，镶嵌，珐琅绘画
72.3 厘米 ×50 厘米
俄罗斯联邦国立历史博物馆藏

这本摆放在供桌上的《福音书》，由工艺大师拉特科夫设计制作，封面装饰华丽，在银地上雕镂、镀金，镶嵌宗教人物的珐琅彩画。

主教法冠

18 世纪 80 年代
金，银，珍珠，祖母绿，红宝石，蓝宝石，钻石，玻璃，铂金，珐琅；雕镂，镶嵌，珐琅绘画
高（含十字架）30 厘米，直径 18 厘米
俄罗斯联邦国立历史博物馆藏

这顶镶嵌有 280 颗各色宝石的金冠，是东正教主教参加礼拜仪式时佩戴的头饰。

俄罗斯帝国时期，沙皇的登基仪式须由东正教会主持。一方面世俗政权因东正教会的加冕而获得神化，另一方面教会也是世俗政权的监督者。叶卡捷琳娜二世正是通过对东正教教义的刻苦学习和遵守斋戒，才获得东正教会和民众的支持并取得了皇位。

圣母小像

1725 年

银，钻石，珐琅；镀金，铸造，镶嵌，珐琅绘画

15.3 厘米 ×11 厘米

俄罗斯联邦国立历史博物馆藏

此件正面为耶稣受难像，背面为圣母像。叶卡捷琳娜一世在 1725 年登基时将其赐予大牧首费奥凡·普洛科波维奇，它同胸前佩戴的十字架一样，是最高宗教权力的标志。

费奥凡·普洛科波维奇（1681—1736）曾辅佐彼得一世进行教会改革，参与创办了彼得堡科学院，为后世留下大量的宗教诗和一些经久不衰的布道词。

十字架

17 世纪末—18 世纪初

金，银，钻石，红宝石，尖晶石，珐琅；

镀金，压花，镶嵌，珐琅绘画

15 厘米 ×9.4 厘米

俄罗斯联邦国立历史博物馆藏

十字架

1790 年

银，珐琅，玻璃；镀金，压花，雕刻，珐琅绘画

41 厘米 ×25 厘米

俄罗斯联邦国立历史博物馆藏

这是一件摆放在供桌上的十字架，是东正教礼拜仪式的必需品。东正教十字架的造型与天主教、新教不同，它有八个“端”，被称为“八端十字架”。

婚礼头冠

1740 年

金，银，钻石，祖母绿，红宝石，蓝宝石，尖晶石，石英，玻璃，珍珠，铜；镀金，雕镂，珐琅绘画

高 26 厘米

俄罗斯联邦国立历史博物馆藏

圣餐盒

19 世纪下半叶
三层玻璃（分别是无色、乳白色、钴蓝色），银，水晶；雕刻，磨边，镀金
高 55.5 厘米，底座直径 26.7 厘米
俄罗斯联邦国立历史博物馆藏

圣餐盒是基督教圣物之一，用于圣体血仪式。盒内放置的红酒和发酵面包象征着耶稣基督的鲜血和身体，用以洗涤世间万民的原罪。

俄罗斯东正教圣餐盒采用独特的玻璃材质，造型多为教堂形式，盖子一般是打开的，除了教士和助祭，任何人不得接触。

圣餐杯

1789 年
银，珐琅，玻璃；镀金，铸造，雕镂，珐琅绘画
高 35.3 厘米，直径 14.2 厘米
俄罗斯联邦国立历史博物馆藏

圣餐杯是基督教礼拜时的必需品，来源于最后的晚餐中所使用的酒杯。据《新约》记载，耶稣曾以杯中红酒象征自己的鲜血，后世教会在祭祀礼仪中同样用祭杯来盛满红酒，象征耶稣基督以鲜血对信众的救赎。

圣像前的长明油灯

19 世纪末—20 世纪初
银，珐琅；镀金，掐丝，珐琅绘画
高 14.5 厘米，直径 9.7 厘米
俄罗斯联邦国立历史博物馆藏

内穿圣衣

19 世纪末—20 世纪初
丝绸，塔夫绸，金线；钩针编织
长 139 厘米
俄罗斯联邦国立历史博物馆藏

教堂里举行圣事活动时，为表示对上帝的敬仰和对圣事的重视，神职人员必须穿上特定的服装，统称“圣衣”。圣衣又分内穿圣衣和外罩圣衣。内穿圣衣可单独穿着，多见于低级神职人员；也可在正式场合与外罩圣衣搭配使用。

外罩圣衣

19 世纪上半叶
锦缎，花绸，麻布，穗带，羽纱，金银线，金银箔，亮片；编织，刺绣
长 144 厘米
俄罗斯联邦国立历史博物馆藏

司祭圣带

锦缎，花绸，麻布，穗带，羽纱，金银线，金银箔，亮片；编织，刺绣

145 厘米 × 34 厘米

俄罗斯联邦国立历史博物馆藏

司祭圣带为长方形，上绣十字架。神职人员的圣带在行按立礼（即授圣职）时授予，象征永生。

股侧佩章

锦缎，花绸，麻布，穗带，羽纱，金银线，金银箔，亮片；编织，刺绣

81 厘米 × 40.5 厘米

俄罗斯联邦国立历史博物馆藏

股侧佩章是一块矩形方巾，上绣十字架，象征着与罪恶做斗争的宝剑。

怀抱圣婴的圣母

1884 年

银，珍珠，珐琅；镀金，蛋彩画，压花，掐丝

32 厘米 ×28 厘米 ×2.8 厘米

俄罗斯联邦国立历史博物馆藏

王座上的圣父

19 世纪初

木，石膏；蛋彩画

165 厘米 ×88 厘米

俄罗斯联邦国立历史博物馆藏

圣瓦西里与德米特里大公

18 世纪 70—90 年代

木，石膏；蛋彩画

142 厘米 ×97 厘米

俄罗斯联邦国立历史博物馆藏

这张圣像画以莫斯科克里姆林宫和圣瓦西里大教堂为背景。圣瓦西里和德米特里大公站在莫斯科河的两岸，他们的手分别指向莫斯科内城和天空中的保护神，象征着教会与王国的统一。

圣瓦西里大教堂和莫斯科沃热斯卡娅街上的宗教节日游行

卡尔·伊万诺维奇·拉布斯

1852 年

布面油画

101 厘米 ×131.5 厘米

俄罗斯联邦国立历史博物馆藏

◂ 莫斯科大牧首菲拉列特肖像

尼·达·施普列维奇

19 世纪 50 年代

布面油画

80.2 厘米 ×62 厘米

俄罗斯联邦国立历史博物馆藏

大牧首是基督教东正教会高级神职人员的称谓，通常为一国东正教会的最高领袖。菲拉列特（1782—1867）不仅是伟大的神学家，也是科学院院士，深受人民爱戴。他在《圣经》俄文本的翻译上贡献卓著。

天工神韵

The Qing

大清皇室主要信奉藏传佛教，它是清政府维护多民族团结的有力工具。1697 年，康熙皇帝设立了“中正殿念经处”，专门负责宫廷喇嘛念经及办造佛像。乾隆时期又设立专职管理雍和宫的宗教活动。清宫宗教器物主要有造像、佛经、法器三大类，宫廷造办处所制造的器物，形制规整，质地华贵，工艺考究，代表了当时的最高水平。在藏传佛教各派首领敬献给皇帝的礼品中，最为珍贵的便是佛造像和法器，而造办处制造的佛造像、法器也常被皇帝作为名贵礼物赏赐给臣属。

金地彩色瓷法轮

清乾隆
高 27.6 厘米
南京博物院藏

清代皇家崇奉藏传佛教，法轮是清宫佛堂陈设品“七宝”中的“轮宝”，轮上的八条梁象征八道轮回，是引导众生达到至善的八条道路。

此件金地彩色瓷法轮仿铜鎏金珐琅嵌宝石法器，为乾隆朝首创，仅见乾嘉两朝烧造。法轮通体敷施金釉，以仿红蓝宝石釉和仿绿松石釉装饰，金碧辉煌。

波羅僧揭諦
菩提娑婆訶
般若波羅蜜多心經

丁丑冬十月初三
皇太后千秋日倣趙
字筆意敬書

金立佛像

清

通高 88 厘米

南京博物院藏

这尊金立佛头戴花蔓宝冠，身披璎珞，左手施无畏印，手指轻拈莲花，花枝缠绕手臂肩头，右手下垂施与愿印，下身着裤，跣足立于莲花座上。

立佛含金量较高，佛身与莲座皆装饰华丽，嵌珍珠、宝石，雍容华贵，尽显皇家气派，应是清朝全盛时期由宫廷的能工巧匠制作而成。

七级金佛塔

清

通高 43 厘米，底径 20 厘米

南京博物院藏

此件金佛塔为清代宫廷御用品，为七层八面楼阁式密檐塔。顶端的塔刹为火焰顶镶嵌珊瑚宝珠。塔身每层四门四窗，每门内坐佛一尊，盘腿坐在双层莲花座上。四扇镂空花瓣形长方形窗棂，门窗每层错位间隔。每层塔顶有八条龙为屋脊，龙嘴衔风铃一只。塔基为栏杆式，五层台阶共四处。佛塔有两种用途，一种是为供奉佛祖而造，以备祈福之用；另一种是作为陈设装饰品。

御书《般若波罗蜜多心经》

爱新觉罗 · 玄烨
清康熙
纵 27 厘米，横 179.2 厘米
南京博物院藏

康熙皇帝开创了皇帝抄写《般若波罗蜜多心经》的先河，后一直被尊奉为宫廷的一种传统延续了下来。清朝历代皇帝写经一般是在农历每月初一、十五及四月初八浴佛节，还有皇帝的诞辰（万寿节）和太皇太后、皇太后的诞辰（千秋节）及元旦、春节、冬至等重大庆典节日。

此件康熙御书《般若波罗蜜多心经》是康熙三十六年（1697）为祝贺孝惠章皇太后五十七岁寿辰而写，折装，卷端泥金画观音像，卷末是韦陀像，石蓝笺泥金仿赵孟頫行书经文，书品考究，书质精湛，在康熙存世作品中为上品。

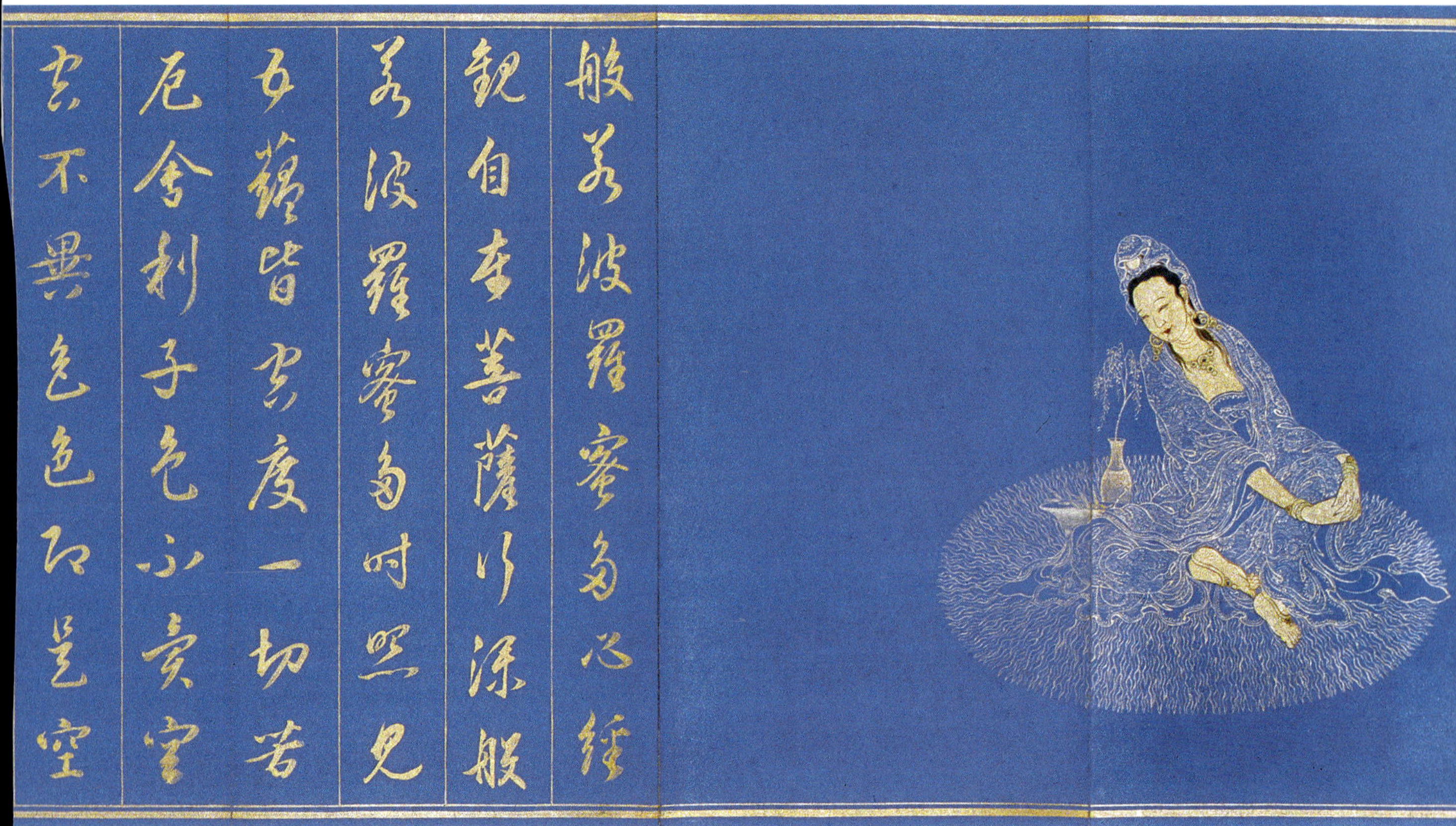
般若波羅蜜多心經
觀自在菩薩行深般
若波羅蜜多時照見
五蘊皆空度一切苦
厄舍利子色不異空
空不異色色即是空

空即是色受想行識
亦復如是舍利子是
諸法空相不生不滅
不垢不淨不增不減
是故空中無色無受
想行識無眼耳鼻舌
身意無色聲香味觸
法無眼界乃至無意
識界無無明亦無無
明盡乃至無老死亦
無老死盡無苦集滅
道無智亦無得以無
所得故菩提薩埵依
般若波羅蜜多故心

《御制七佛塔碑记》玉册

清乾隆

青玉板高 0.5 厘米，长 13.8 厘米，宽 10.5 厘米

南京博物院藏

御制《七佛塔碑记》为乾隆皇帝撰文，吏部左侍郎谢墉（1719—1795）抄录，刻于上等青玉之上，装裱黄绫，制成玉册。所谓七佛实即一佛，七佛偈为禅门开宗了义，散见于梵帙而非出于一经。玉册首页刻填金龙纹和宝塔纹，正文正面为玉上填金隶书《七佛塔碑记》，背面漆底描金隶书全文，制作精美，装帧富丽。

缂丝佛像

清

纵 129.5 厘米，横 59.5 厘米

南京博物院藏

古有“一寸缂丝一寸金”之说，中国古代缂丝被认为是丝织工艺中最为高贵的品种，宋元以来一直是皇家御用织物之一。

此件缂丝佛像轴采用平缂、齐缂、构缂等技法，缂工精巧，用丝细密，配色丰富。佛像面相庄严静穆，双手相叠施禅定印，盘脚跏趺静坐于莲花宝座上，头顶华盖，背有光环。

人皆不知其所以詢之章嘉
國師乃於番經漢經所謂長
阿含經賢劫經降生次第經
及律原廣辭內一一考得其
源蓋第一毘婆尸佛種刹利
姓拘利若父槃頭母槃頭婆

铜鎏金嵌绿松石无量寿佛

清乾隆
高 20.5 厘米，长 12 厘米，宽 10.3 厘米
南京博物院藏

这尊铜鎏金嵌绿松石无量寿佛，右袒，面容清秀，结跏端坐于方座之上，背后为镂空透雕的火焰背光。

紫檀木佛龛 ▸

清乾隆
高 86.5 厘米，长 45 厘米，宽 38.5 厘米
南京博物院藏

佛龛采用镂空透雕技法，重檐歇山顶，龛额饰二龙戏珠纹，龛壁和栏杆饰龙纹，龛内置一可移动底座，底部为须弥座，饰有覆莲纹，贴花。

黄地粉彩八吉祥花卉纹瓷五供

清

炉高 23.5 厘米，口径 14.7 厘米

烛台高 23.8 厘米、24 厘米，底径 11 厘米、11.5 厘米

花觚高 23.9 厘米、24 厘米，底径 11.1 厘米、11.5 厘米

南京博物院藏

五供是由佛教礼仪制度的形成逐渐演化而来，包括一只香炉、一对烛台和一对花觚，摆放于宗祠庙宇，用于祭奠先祖或供奉神、佛，安放香、灯、花、水、果等供品。其造型多仿照青铜器，在乾隆、道光年间极为盛行。

珐琅彩瓷佛塔

清乾隆

高 29.7 厘米，底边长 16 厘米

南京博物院藏

清乾隆朝是藏传佛教发展的高峰期，紫禁城内的佛殿、佛像、供器基本上都是这一时期的产物，宫廷内几乎殿殿有佛堂，处处闻佛声，朝朝暮暮焚香礼佛。

此件佛塔由须弥座式塔基、覆钵形塔身和十三天相轮塔刹三大部分组成，塔身中空，有眼光门。十三天相轮和塔身外壁罩胭脂红釉，塔身外壁装饰胭脂红地粉彩，纹饰构图繁密，肩部绘藏传佛教特有的子巴纹及璎珞花卉纹，腹部为宝相花装饰，内壁罩白釉。须弥座面为蓝地粉彩勾莲纹。覆钵式塔是藏传佛教的佛塔样式，这件乾隆官窑瓷佛塔体现了乾隆朝廷与藏族上层的亲密关系。

德宗景皇帝金发塔

清

高 60.5 厘米，底边长 23 厘米

南京博物院藏

塔的梵语是“窣堵波”，也译为塔婆、浮屠等，原意是堆积土石，收藏遗骨。随着佛教广为流传，佛塔被赋予了更多的内涵，一般是释迦佛或高僧圆寂后，用以收藏骨灰，供养其指甲、头发、衣冠等，种类很多。

这座藏式喇嘛塔上有铭文：“德宗景皇帝发塔”，用以供养光绪皇帝生前梳妆时掉落的头发。发塔顶部有盖，底部一侧有两扇对开小门，以盘纹焊接和锤胎錾金工艺制作，纹饰精美，造型灵巧，反映了清末极高的金属工艺水平。

1697年，彼得一世乔装，先后随使团去过多个欧洲发达国家学习，他游历了博物馆、音乐厅以及各种文化艺术场所。回国后他推行一系列欧化改革，鼓励废除包括蓄胡须和穿冗杂长袍在内的传统习俗。18世纪彼得大帝的欧化政策和叶卡捷琳娜大帝的开明专制极大地改变了这个国家的精神面貌和生活方式，王公贵胄很快摆脱了传统的束缚，在生活、艺术等方面大胆创新。他们纷纷模仿欧洲上流社会的服饰装扮和社交礼仪，修建皇家别苑、举办宫廷舞会和聚会、以私人的名义赞助文学与艺术等。虽然欧化影响了皇室和贵族，但大多数底层平民依然保存着传统文化。俄罗斯帝国时期文化艺术方面结出了累累硕果，诗歌、绘画、音乐、芭蕾舞、手工艺等在欧洲声名远扬。

第二部分 阅尽繁华 Flourishing Splendor

康雍乾盛世，国力强大、政局稳固、经济繁荣、文化昌盛，是清朝近300年历史中最辉煌的时期，也是中国封建社会中最好的历史时期之一。大清以一系列成就彰显自己的辉煌，其中皇室用品独具雍容华贵的风范和高尚的艺术品位，宫廷生活中无处不透露出尊贵与荣耀。清宫珍宝涉及帝后生活的各个方面，包括礼仪、典制、饮食、冠服、文化等。帝后的日常用品一般由内务府制造，选材精致优良，制作巧夺天工，礼制珍宝则由礼部或宫廷造办处负责。清宫内务府造办处网罗了当时最优秀的工匠，可以制作出造型优美、装饰新颖、工艺复杂的各类珍宝。可以说，清宫日用与陈设的精美器物，代表了那个时代最高的工艺水准。

The Russia & The Qing

The Russia

The Qing

富贵气象

The Russia

17 世纪，俄国建筑及室内装饰摆脱中世纪的不对称或无序风格，开始向欧洲流行的巴洛克风格过渡，并在 18 世纪中期达到鼎盛。这种风格崇尚宏伟、精细和豪华的装饰，大量采用圆柱、圆顶及古代神话题材的雕刻。18 世纪后期以后，崇尚质朴严谨的古典主义开始兴起，摒弃程式化和表面的华丽装饰是古典主义的另一个特征。19 世纪上半叶，俄国的建筑艺术产生了一些新的变化，更加强调质朴、庄重、严谨和挺拔，这种倾向被称为帝国风格。19 世纪下半叶，讲究曲线和自然形象的洛可可风格流行起来，它所具有的纤细、华丽、精致、动感等艺术特征十分契合当时俄国新兴资产阶级的品位。

梳妆台

18 世纪末
红木，乌木，松木，镜面玻璃；木工，雕刻，镀金
187 厘米 ×97 厘米 ×50 厘米
俄罗斯联邦国立历史博物馆藏

这张梳妆台造型高雅，台身嵌有一面用金属轴固定、可以翻转的长方形镜子。这种样式的梳妆台曾在俄罗斯广为流行，是俄罗斯贵族喜好的家具款式之一。

椅子

18 世纪末
红木，皮革，铜合金；木工，彩绘，衬垫
96 厘米 ×48 厘米 ×51 厘米
俄罗斯联邦国立历史博物馆藏

圈椅

1744 年
钢，铜，皮革，天鹅绒，锻造，抛光，镶嵌，镀金
106 厘米 ×65 厘米 ×47 厘米
俄罗斯联邦国立历史博物馆藏

这把圈椅的钢构架、扶手、椅腿交叉处都以细小的图案覆盖，样式仿照罗马元老院议事厅中的椅子。圈椅支脚的交叉处写着“玛索洛夫工厂，图拉，1744”字样。

图拉位于奥卡河支流乌帕河畔，莫斯科以南 180 公里，丰富的铁矿使这座城市自 16 世纪起成为俄罗斯铁制品生产中心之一，17 世纪成为重要的武器生产基地。1743—1746 年间，图拉的能工巧匠开始为伊丽莎白·彼得罗芙娜女皇制作宫廷家具。

纺车部件

19 世纪上半叶

松木；雕刻，蛋彩画

89 厘米 ×19 厘米 ×58.5 厘米

俄罗斯联邦国立历史博物馆藏

过去的俄罗斯女孩从 9—10 岁就开始学习纺织，纺车曾是珍贵的礼物，像传家宝一样从母亲传给女儿，是嫁妆的一部分。

地毯

1820—1830 年
彩色羊毛，亚麻布；双层手工织造
213 厘米 ×164 厘米（不含流苏），
流苏长 9.5 厘米
俄罗斯联邦国立历史博物馆藏

俄罗斯寒冷的气候决定了地毯制造业的发达。18—19 世纪俄罗斯涌现出大批制毯高手，其中女贵族娜杰日达·梅尔琳娜的制毯技艺更是举国闻名。1800 年她在下诺夫哥罗德省以自己的名字创办了一家制毯厂，专门生产无绒头的双层地毯。

这块由娜杰日达·梅尔琳娜制毯厂生产的双层地毯，不仅质地上乘，而且图案雅致，色彩搭配协调。

桌布

1830—1840 年
小玻璃珠，亚麻布；刺绣
103.5 厘米 ×71 厘米
俄罗斯联邦国立历史博物馆藏

这块桌布以大量小玻璃珠镶成的花鸟图案装饰。小玻璃珠在 19 世纪初还是非常稀有的材料，但到了三四十年代镶饰小玻璃珠已经成为风尚。花鸟图案是小玻璃珠饰品中最受欢迎的题材之一。桌布上五颜六色的花卉代表美好的祝愿，白鸽寓意纯洁，蝴蝶则是灵魂的象征，有时候还代表被爱俘获的心灵。这种复杂的构图反映出 19 世纪上半叶俄罗斯文化的丰富性与生动性。

小台子

1850—1860 年
松木，红木，桦木，铜；木工，雕刻
77.5 厘米 ×37 厘米 ×37 厘米
俄罗斯联邦国立历史博物馆藏

这个桌形小台子的用途是储存珍贵茶叶。关于俄罗斯人饮茶的记载始于 1567 年，在 17 世纪茶叶被视为具有药用价值的饮品，只有贵族才能饮用。到了 19 世纪，茶仪、茶礼、茶会、茶俗在俄罗斯文学作品中不断出现，饮茶的习惯渐渐普及到社会的各个阶层。

花架

1860 年
松木，胡桃木，马口铁；木工，雕刻
93 厘米 ×85 厘米 ×61 厘米
俄罗斯联邦国立历史博物馆藏

花架为洛可可风格，上部的凹槽用来放置花草。

花架

1850—1860 年

松木，胡桃木，马口铁；木工，雕刻

193 厘米 ×111 厘米 ×29 厘米

俄罗斯联邦国立历史博物馆藏

这个优雅、精致的花架用于展示珍稀植物，也可用作房间不同区域或家具之间的隔断。

座钟

1840—1850 年

铜，珐琅；铸造，压花，镀金

58 厘米 ×49 厘米 ×22 厘米

俄罗斯联邦国立历史博物馆藏

这只座钟由圣彼得堡的菲利克斯·肖邦铜艺工厂制造。该厂建于 1840 年初，主要生产法国洛可可风格和新古典主义风格的陈设艺术品，被授予“皇家供货商”称号。

枝状烛台

19 世纪 70 年代
铜；铸造，压花，镀金
64 厘米 ×33 厘米 ×21 厘米
俄罗斯联邦国立历史博物馆藏

烛台在欧洲的出现约始于公元 10 世纪。早期的烛台多为单枝，制作也极为简朴。1740 年之后，欧式烛台才普遍出现如茶托般可以托住蜡泪的插口，随着电镀工艺的发明，烛台的制作成本大为降低，进入了大批量生产的时代。

落地烛台

1859—1861 年
铜，玉；铸造，雕刻，压花，镀金
147.5 厘米 ×36.5 厘米 ×51 厘米
俄罗斯联邦国立历史博物馆藏

这座枝状落地烛台由三个可拆卸的部件组成。底座上写着："叶卡捷琳堡市，1859 年开始制作，1861 年完成，工匠纳利莫夫。"

鹰首烛台

18 世纪 90 年代
钢，铜；铸造，镶嵌，镀金，镀银
31 厘米 ×12 厘米 ×12 厘米
俄罗斯联邦国立历史博物馆藏

天鹅烛台

1800—1825 年
铜；铸造，压花，镀金
13.5 厘米 ×20 厘米 ×8 厘米
俄罗斯联邦国立历史博物馆藏

香炉烛台

19 世纪上半叶
铜；铸造，压花，镀金
23 厘米 ×10 厘米 ×7.5 厘米
俄罗斯联邦国立历史博物馆藏

贸易守护神

1893 年
银，大理石，珐琅；铸造，压花，掐丝，雕刻，镀金
46 厘米 ×33 厘米 ×31 厘米
俄罗斯联邦国立历史博物馆藏

这座小雕像由享誉全球的珠宝制造商卡尔·法贝热公司制作，由同行们赠予纺织商莫洛佐夫，以表彰他为俄罗斯纺织业做出的巨大贡献。肋生双翼的女神端坐于一捆货物之上，象征着对商业和贸易的庇佑。

“欧洲”挂毯 ▸

1745 年
彩色毛线，亚麻布；手工织造
326 厘米 ×226 厘米
俄罗斯联邦国立历史博物馆藏

这块“欧洲”挂毯是“世界之国”系列作品之一，由圣彼得堡的皇家制毯厂生产，在 18 世纪 40 年代十分出名。此系列作品的画面中央是一些穿着异族服装的女子，她们是各个大洲的化身。每个大洲都有自己的标志：非洲的金字塔、亚洲的宝塔、欧洲的柱廊。从这块挂毯的工艺可知，这一时期的俄罗斯艺术家和织匠已不再是亦步亦趋的学徒，他们已经具备了创作艺术精品的能力。

PHILO

花瓶

19 世纪 80 年代
锡釉陶；彩涂，绘画，浮雕
34.5 厘米 ×40 厘米 ×21 厘米
俄罗斯联邦国立历史博物馆藏

这只造型新颖、装饰富丽的花瓶由 19 世纪下半叶莫斯科著名设计师卡明斯基（1827—1897）设计。

花瓶

1914—1917 年
多层玻璃；吹制，蚀刻
高 46.2 厘米，最大直径 14.5 厘米，
口径 9 厘米，底径 10.2 厘米
俄罗斯联邦国立历史博物馆藏

这只花瓶产自俄罗斯弗拉基米尔州的古西赫鲁斯塔利内镇。该镇的镇名意为“水晶鹅”，是俄罗斯最古老的玻璃工业中心之一。

花瓶

19 世纪 80 年代
三层玻璃；吹制，镀金绘画
高 40.8 厘米，口径 7.5 厘米，腹径 15.2 厘米，底径 11.1 厘米
俄罗斯联邦国立历史博物馆藏

18 世纪以来，欧洲从中国进口瓷器、丝绸、漆器形成风尚，“中国热”在欧洲各国宫廷中蔓延，中国元素成为品位和地位的代名词。

许多欧洲设计师和工匠模仿中国设计，充分发挥想象力，他们的作品涵盖日用器物、室内装饰和园林建筑等。

这只中式风格的花瓶由圣彼得堡皇家玻璃厂制造，是俄罗斯宫廷奢侈品的典型代表。

花瓶

1835—1840 年

陶瓷，铜；釉面绘画，镀金

高 37 厘米，口径 26 厘米，底部 15.4 厘米 ×15.4 厘米

俄罗斯联邦国立历史博物馆藏

这只花瓶的瓶身绘有尼古拉一世的皇后亚历山德拉·费奥多罗芙娜（1798—1860）的肖像。

花瓶

19 世纪 20 年代
紫晶玻璃，铜；明亮式切割，铸造，压花，镀金
60 厘米 ×31 厘米 ×14 厘米
俄罗斯联邦国立历史博物馆藏

这只双柄花瓶的手柄末端铸有欧洲建筑外墙上常见的怪面饰。怪面饰最初的功能是吓退恶灵、避免鬼怪入侵，后来逐渐演变成纯粹的装饰元素。

纪念盘

1866 年
陶瓷；釉面绘画，印花，镀金
直径 47.8 厘米，高 5.7 厘米
俄罗斯联邦国立历史博物馆藏

这只纪念盘所纪念的是亚历山大二世（1818—1881）加冕 10 周年暨其与玛利亚·亚历山德罗芙娜皇后（1824—1880）结婚 25 周年。盘子正面中心绘有双色花体字“A.M.”，即亚历山大二世和玛利亚皇后名字的首字母。

The Qing

紫禁城内的宫殿沿中轴线排列，分为外朝和内廷两部分，左右对称。外朝以太和殿、中和殿、保和殿三座大殿（俗称“前三殿”）为中心，也是外朝的主体建筑，是皇帝举行朝会、大典的重要场所。内廷以乾清宫、交泰殿、坤宁宫（俗称“后三宫”）为中心，是皇帝及后妃的生活区。宫中珍宝在屋宇陈设中比比皆是。殿堂、宫室、书房、寝室等处陈设着各类制作精良的器物，并根据功能需求与室内装饰而各不相同。

紫檀框缂丝花卉挂屏

清
长 94 厘米，宽 59 厘米
南京博物院藏

此清代宫廷陈设挂屏以月白色经线为底色，以绿、蓝、棕等冷色调为全图基调，采用齐缂、构缂、朱缂等多种技法，缂出梅花、竹石、朱果等花卉景物，具有明晰的画面结构，色彩运用强调单纯、和谐的古典意蕴。

铜珐琅“太平有象”

清

通高 50 厘米

南京博物院藏

此器造型源自佛教题材，寓意吉祥。因为象高大威严、躯体粗壮，象征着社会的安定和政权的稳固，所以取意“太平有象”，常作为宫廷陈设品。象通体掐丝作绒毛状，填灰色珐琅釉为地，背上配鞍鞯以天蓝色为地，中间饰红龙戏珠，象背鞍鞯上驮一人，造型古朴典雅，制作工艺精美。

青花百寿纹盘口观音尊

清康熙

高 44.5 厘米，口径 12.5 厘米，底径 15.5 厘米

南京博物院藏

观音尊是康熙时期瓷器的典型造型，但是盘口的少见。两层台式圈足，即于胫部凸出一层台阶再出圈足，是康熙时期瓷器造型的特征之一。

此观音尊浅盘口，口沿内折，长粗颈，圆肩，长圆腹，束胫，至底部外撇，两层台式平底内凹圈足。底釉白净滋润，青花书篆体“寿”字，全器共 29 轮，915 字。

青花缠枝莲纹贯耳瓶

清雍正
高 54.2 厘米，口径 12 厘米，底径 18.2 厘米
南京博物院藏

贯耳瓶造型源自新石器时代晚期的良渚文化，因颈部两侧竖置一对管状双耳，故名。

此瓶为雍正官窑青花大器，小盘口，长直颈，斜折肩，斜直腹。白釉润泽，青花发色纯正，纹饰繁缛，主题纹饰和辅助纹样继承元青花的构图传统，有九层之多，自上而下依次是回纹、缠枝地涌金莲纹、朵花纹、如意云肩与如意花叶纹、如意云肩托花叶与如意花叶纹、海浪纹、回纹、缠枝什锦花卉纹、莲瓣纹。腹部的缠枝什锦花卉纹中，有石竹纹、牡丹纹、菊花纹、茶花纹和莲纹。

淡黄地青花龙捧寿纹六棱瓶

清乾隆

高 57 厘米，口宽 14.2 厘米，足宽 15.2 厘米

南京博物院藏

瓶通体作六棱式，撇口，细长颈，支一对夔龙耳。淡黄釉地色泽亮丽，青花发色紫艳，纹饰对称且上下呼应。颈部上下饰变体香草龙纹，中间绘长方“寿”字；腹部主题纹样为龙捧寿纹，辅助纹饰是线条方折的仿青铜器纹样，有回纹、变体蝙蝠寿桃纹、如意云纹、蕉叶纹、香草龙纹及连珠纹。

六棱瓶的造型和纹饰都揉入了青铜器的元素，在绘画与纹样构图上，表现出乾隆官窑精细堆砌的风格。

湖绿地粉彩夔凤勾莲纹瓶

清乾隆

高 23.9 厘米，口径 7.3 厘米，底径 8.7 厘米

南京博物院藏

此瓶撇口，长直颈，颈部立一对夔凤形耳，溜肩，圆鼓腹，圈足，微微外撇。装饰淡绿地粉彩，纹饰对称排列，肩、腹部绘主题纹样，勾莲纹居中，双夔凤纹立于两侧，余处花蔓与如意头相缠绕。

勾莲纹由莲纹变化而来，与普通莲纹的不同之处在于它的叶蔓绵长，并且勾缠、环绕着其他纹样，易于营造花团锦簇、吉祥喜庆的气氛。夔凤纹卷草式的尾部与展开的双翼为其主要特征，是乾隆官窑粉彩瓷上常见的吉祥纹饰。

湖绿地粉彩荷花纹方盆

清咸丰

高 16.2 厘米，上边长 24.8 厘米

南京博物院藏

此盆正方造型，内壁折沿，直腹，平底，下设四如意足。器壁四面纹样相同且连接为完整的画面。

湖绿地粉彩花鸟纹缸

清光绪

高 29.5 厘米，口径 33.9 厘米，底径 22.8 厘米

南京博物院藏

大雅斋是慈禧皇太后在圆明园之“天地一家春”建筑群中的画室。光绪时期，清廷企图重振瓷业，陶瓷制作相对繁荣。以“大雅斋”为名的瓷器，多以蓝色、浅青色、藕荷色、浅紫色为地，淡墨彩绘，画风细柔，图案精巧，器型多见水仙盆、鱼缸、碗、盒、花盆、大缸等，纹饰题材多描绘藤萝花鸟、葡萄花鸟、鹭鸶莲花等，器物上绘“天地一家春”“大雅斋”的款识，以及“永庆升平”“永庆长春”等闲章。

铜镀金福禄寿三星钟

清乾隆

通高 92 厘米，面宽 39 厘米，侧宽 36 厘米

南京博物院藏

西方钟表以及制作技术的传入，对清代钟表业的发展产生了极大影响。顺治九年（1652），耶稣会传教士汤若望向顺治皇帝呈献一座“天球自鸣钟”，同时把钟表制作的先进技术带进中国。在经历了明末清初对西方机械钟表的单纯仿制后，此时中国钟表制造业进入了自主创造时期。1691 年康熙在紫禁城中的养心殿造办处建立了专造自鸣钟的作坊，有房 150 余间，已具有相当的规模。在雍正当朝的1732年，还设立了“做钟处”。

铜镀金福禄寿三星钟是清朝广州造钟处运用西洋机械钟原理制造中国钟表的代表作，发条、塔轮、链条与中国传统文化元素福禄寿三星、蝙蝠、鹿、仙鹤等吉祥主题相结合，表达“福禄”“万寿无疆”“寿比南山”“福如东海”等寓意。

铜镀金嵌珐琅人敲时乐钟

清嘉庆

通高 76 厘米，面宽 39 厘米，侧宽 30 厘米

南京博物院藏

铜嵌烧蓝盆景

清

通高 41.5 厘米，盆高 10 厘米

南京博物院藏

清代宫廷陈设所用盆景大多是以金玉珠宝制作的像生盆景，鲜艳明丽，寓意吉祥，以衬托宫廷生活环境的堂皇富丽。

此盆景通体镀金饰缠枝纹，盆内用彩石雕琢成菊花，景意生动。

铜镀金珐琅盆景

清

通高 36 厘米，盆口径 25 厘米

南京博物院藏

此盆景为錾胎珐琅菱花式，壁外饰莲花纹，内填浅绿、深蓝色珐琅釉，景物饰兰花，间配数块小石，颇肖真花。

铜珐琅方形瓶花

清

通高 50 厘米，宽 9.5 厘米

南京博物院藏

铜珐琅方形瓶花，瓶呈琮式，方口，长方腹，通体镀金施浅蓝色珐琅釉，颈与胫部饰莲瓣纹，腹部开光，内绘花卉等纹饰，瓶口内置玉石花朵，古意盎然。

白玉镂空缠枝花卉纹炉

清乾隆

通高 9.6 厘米，口径 9.5 厘米

南京博物院藏

翡翠双耳四足长方炉

清

通高 20.6 厘米，通宽 12.6 厘米

南京博物院藏

清代宫廷仿古玉器主要有三类：一是仿古青铜器，多为仿战国、汉代器皿；二是仿古玉礼器，多为圭、璧、斧类大器，亦有蚩尤环等小器；三是仿古做旧，作品与古玉相似，极难分辨。此件为仿古鼎式炉。

白玉佛手花插

清

通高 11.1 厘米

南京博物院藏

白玉“麻姑献寿”花插

清

通高 14 厘米，通宽 15.8 厘米

南京博物院藏

碧玉松鹤花插

清

通高 17.3 厘米，通宽 13.5 厘米

南京博物院藏

雕漆婴戏纹盒

清

高 25.5 厘米，腹径 34 厘米

南京博物院藏

圆盒，朱地剔黑，盖顶雕饰婴戏纹，腹部开光，器身腹部雕饰王羲之爱鹅、陶渊明爱菊、周敦颐爱莲、林和靖爱梅，即“四爱图”。

雕漆寿春宝盒

清乾隆

高 11.5 厘米，腹径 31.1 厘米

南京博物院藏

盒呈正圆形，木胎，盖面中心雕一“春”字。“春”字内圆形开光，雕老寿星，旁边衬有蝙蝠、仙鹿、松柏等，寓意“福、禄、寿”。“春”字两侧饰云龙纹，下方为聚宝盆，盛放着珊瑚、象牙、犀角、宝珠、古钱、银锭等各色珍宝，并有三色宝光自盆中放射而出。盒盖和盒身周壁纹饰基本相同，各有四组开光，之间为方胜、犀角、宝珠、珊瑚等杂宝纹，开光内雕有山水人物、楼台屋宇、流云杂树等纹样，分别为陶渊明爱菊、王羲之爱鹅、李白斗酒诗百篇等高人逸士的故事。

The Russia

彼得一世的欧化政策在生活、艺术领域均有所体现。他不仅派人到荷兰和意大利学习园林艺术，还聘请外国专家来俄国传授造型艺术和音乐舞蹈。叶卡捷琳娜二世的成长伴随着欧洲启蒙运动的蓬勃发展，她拨款成立俄罗斯科学院，鼓励兴办各类学校，支持文学创作与出版行业的发展。这样的浪潮带来了“欧洲主义”和民族特性的融合，受其影响，俄罗斯帝国时期的装饰艺术品和生活器具不仅可以满足人们的日常需求，其华丽的艺术形式和高超的制作工艺更是令人叹为观止。

糖罐

1894 年
银；铸造，雕镂，镀金
9 厘米 ×12.5 厘米 ×13 厘米
俄罗斯联邦国立历史博物馆藏

这只带盖糖罐外形酷似一颗卷心菜，由法贝热公司制作。

盐盒

1894 年
银，珐琅，铜；铸造，掐丝，镀金
15.2 厘米 ×10.3 厘米 ×9 厘米
俄罗斯联邦国立历史博物馆藏

这只盐盒的外形像一把木头椅子，具有古罗斯家具的风格特征。

面包筐

19 世纪下半叶
椴木，松木；木工，胶画
17 厘米 ×50 厘米 ×33 厘米
俄罗斯联邦国立历史博物馆藏

面包筐是俄罗斯家庭的日常生活用品，用于放置一两块大圆面包，通常摆放在圣像下方的小凳子上。

这只面包筐的筐盖及筐身均绘有纹饰。筐盖描绘的是三位老人围坐桌前，桌上摆放着酒杯和面包。筐盖边缘绘有餐前需要诵读的祷词。

盐盒

19 世纪中叶
桦木；木工，胶画
12.3 厘米 ×23 厘米 ×9.5 厘米
俄罗斯联邦国立历史博物馆藏

自古以来，俄罗斯餐桌上最受重视的就是盐，只有面包可与之相较。人们用面包和盐迎接最尊贵的客人或从教堂归来的新娘和新郎。盐盒由母亲送给女儿作为嫁妆，代代相传。

船形饮器

19 世纪初
桦木；木工，胶画
10 厘米 ×52 厘米 ×23.5 厘米
俄罗斯联邦国立历史博物馆藏

这种船形饮器既像一把勺子，又像一只飞行的鸟儿，造型朴拙可爱，其历史可以追溯至公元前 2 世纪。把柄上刻有铭文“阿德里安·库兹涅佐夫之物”。此类饮器通常摆放在节日餐桌的中心位置，盛放蜂蜜、啤酒和格瓦斯。

碟子

18 世纪 70 年代
银；雕镂，镀金
直径 34.5 厘米
俄罗斯联邦国立历史博物馆藏

双耳钵

1775—1799 年
银；铸造，雕镂，镀金
52 厘米 ×41.8 厘米 ×32 厘米
俄罗斯联邦国立历史博物馆藏

碟子与双耳钵均为叶卡捷琳娜二世的次子阿列克谢·博布林斯基（1762—1813）的藏品，奇异的造型、精美的图案和精良的质地使得它们成为不可多得的俄罗斯艺术精品。

调料罐四件套

1758 年

银；铸造，雕镂，镀金

调料罐支架 25.2 厘米 ×16.5 厘米 ×16.5 厘米

调料瓶高 20.6 厘米

俄罗斯联邦国立历史博物馆藏

杯架

1890 年

银；铸造，镀金

高 13.5 厘米

俄罗斯联邦国立历史博物馆藏

19 世纪下半叶，杯架在俄罗斯出现，最初用于在火车上放置玻璃杯，以避免烫手，后来常被作为礼物赠送。

这只精美的杯架由圣彼得堡索科洛夫工厂制作，当时的著名珠宝公司都会生产此类产品。

托盘

1885 年
银；铸造，雕镂，镀金
7 厘米 ×64.3 厘米 ×38 厘米
俄罗斯联邦国立历史博物馆藏

这件托盘的造型模仿了用草编织、搭配亚麻布餐巾的小筐子。

汤钵

1802 年
银；铸造，雕镂，镀金
48.5 厘米 × 41.3 厘米 × 41.3 厘米
俄罗斯联邦国立历史博物馆藏

这件汤钵按照“帝政风格”制造。“帝政风格”又称“帝国风格”，是法国拿破仑·波拿巴统治时期的官方艺术风格，强调英雄主义的权威象征，法国凯旋门就是典型之作。这种风格在亚历山大一世统治期间十分盛行。

水罐

1770—1790 年
陶瓷；铸模
31.5 厘米 ×23 厘米 ×13.5 厘米
俄罗斯联邦国立历史博物馆藏

这只细颈高水罐可盛放两种饮料，体积不大，却塑造了许多俄罗斯普通人的形象，包括农妇、军人、商人、士兵等。

水罐的产地格热尔位于莫斯科东部，自 17 世纪中叶以来，以盛产优质黏土、制作陶瓷工艺品而闻名。18 世纪最能体现格热尔技艺水平的就是此类水罐，它们在样式上优于俄罗斯的传统水壶。

杯子

19 世纪 30 年代
铜，孔雀石，水晶玻璃；铸造，压花，镀金，镶嵌
32 厘米 ×13.5 厘米 ×14.5 厘米
俄罗斯联邦国立历史博物馆藏

这件带孔雀石底座的水晶玻璃杯是俄罗斯贵族举办盛大宴会时使用的室内陈设器。

17 世纪俄罗斯人在乌拉尔山脉发现了孔雀石，这种石材极其珍贵，是帝国宫廷和贵族府邸必不可少的装饰材料。18 世纪初期出现了用孔雀石制作的胸针、戒指、耳环，到了 19 世纪，大块的孔雀石被用来制作家居饰品。

甜点架

19 世纪 30 年代
铜，孔雀石，水晶玻璃；铸造，压花，镀金，镶嵌
62 厘米 ×22.5 厘米 ×12 厘米
俄罗斯联邦国立历史博物馆藏

酒樽

1830—1840 年
铜，孔雀石；铸造，压花，镀金，镶嵌
36 厘米 ×32 厘米 ×32 厘米
俄罗斯联邦国立历史博物馆藏

这种装饰用的酒樽也是体现俄罗斯贵族精致生活的室内陈设器。

铜座碗

1848 年
陶瓷，铜；釉面，绘画，镀金，铸造，压花
高 21.5 厘米，直径 38.5 厘米
俄罗斯联邦国立历史博物馆藏

矮足花盆

1848 年
陶瓷；釉面，绘画，镀金
高 8.5 厘米，口径 23 厘米，底径 13.5 厘米
俄罗斯联邦国立历史博物馆藏

甜点架

1848 年
陶瓷，铜；釉面，绘画，镀金，铸造，压花
高 52.5 厘米，底径 18.3 厘米
俄罗斯联邦国立历史博物馆藏

这是一套康士坦丁·尼古拉耶维奇大公使用过的餐具和花器，装饰有双头鹰图案和大公姓名首字母的花体字“B.K.K.H.”，由艺术家、考古学家索尔采夫设计，圣彼得堡皇家瓷器厂制造。

康斯坦丁·尼古拉耶维奇大公（1827—1892）是尼古拉一世的次子，俄罗斯帝国海军元帅。这套精美器具是为纪念 1848 年大公迎娶萨克森-阿尔滕堡公主亚历山德拉·约瑟芙娜（1830—1911）而制。

带盖茶杯和茶碟

1848 年
陶瓷；釉面，绘画，镀金
茶杯高 11.2 厘米（含盖），口径 10.8 厘米，底径 6 厘米
茶碟高 3.4 厘米，直径 17.1 厘米
俄罗斯联邦国立历史博物馆藏

中足花盆

1848 年
陶瓷；釉面，绘画，镀金
高 20 厘米，口径 27 厘米，底径 16.8 厘米
俄罗斯联邦国立历史博物馆藏

高足花盆

1848 年
陶瓷，铜；釉面，绘画，镀金，铸造，压花
高 35.8 厘米，口径 37 厘米，底径 23.3 厘米
俄罗斯联邦国立历史博物馆藏

茶具、咖啡具

1908—1917 年
银，珐琅，珍珠贝母；压花，镀金，珐琅绘画
俄罗斯联邦国立历史博物馆藏

这套绘有古罗斯人物风景画的茶具、咖啡具由以珐琅工艺见长的莫斯科库尔留科夫公司生产，原属西伯利亚大商人赫梅洛夫所有。

茶壶 13.3 厘米 ×18.5 厘米 ×13 厘米

咖啡壶 19.5 厘米 ×18.5 厘米 ×11.2 厘米

奶罐 9.4 厘米 ×10.8 厘米 ×7.8 厘米

糖罐 13 厘米 ×13.6 厘米 ×13.3 厘米

饼干碟 8 厘米 ×26 厘米 ×16.3 厘米

茶具、咖啡具

1838—1869 年
银，铜，珍珠贝母，牛骨，橡木，麂皮绒；铸造，雕镂，压花，镀金
茶炊高 52 厘米
茶炊盖高 1 厘米，直径 6.2 厘米
茶炊托盘 81 厘米 × 52 厘米
小托盘 3.2 厘米 × 39.3 厘米 × 21.9 厘米
茶壶 17.8 厘米 × 14.5 厘米 × 14 厘米
茶洗 8.2 厘米 × 25.4 厘米 × 25.4 厘米
咖啡壶 24.2 厘米 × 12.5 厘米 × 12.5 厘米
糖罐高 13 厘米，直径 16 厘米
饼干碟 11.8 厘米 × 35 厘米 × 33.4 厘米
木盒 39 厘米 × 60 厘米 × 91 厘米
俄罗斯联邦国立历史博物馆藏

带盖黄油罐和托盘

18 世纪末

蓝色玻璃；吹制，雕刻，镀金绘画

黄油罐：高 9.9 厘米（含盖），口径 10.3 厘米，底径 9.1 厘米

托盘：高 2.5 厘米，直径 17.5 厘米

俄罗斯联邦国立历史博物馆藏

带盖酒杯

18 世纪末

蓝色玻璃；吹制，雕刻，镀金绘画

高 20.3 厘米（含盖），口径 8.4 厘米，底部 6.2 厘米 ×6.1 厘米

俄罗斯联邦国立历史博物馆藏

这只同样由圣彼得堡皇家玻璃厂制造的带盖高脚酒杯，杯身正中除花体字外，还绘有码头、舟艇的图案，两侧的棕榈和月桂枝叶象征着和平与荣誉。

旅行用的酒柜

1750—1760 年
铜；锻造，模压
21 厘米 ×26.5 厘米 ×18 厘米
俄罗斯联邦国立历史博物馆藏

18 世纪上半叶，俄罗斯乌拉尔山脉的铜矿开采业取得了长足进步，用这种金色材料制作的餐具受到普遍欢迎。18 世纪中叶以后，富人们的品位发生了变化，转而喜好精细的加工手法，乌拉尔铜餐具逐渐衰落。

葡萄酒具

1875—1885 年
银，珐琅；铸造，雕刻，压花，镀金
长颈酒瓶 38.5 厘米 ×31 厘米 ×18 厘米
酒杯 6.5 厘米 ×9.4 厘米 ×6 厘米
托盘 48 厘米 ×39.4 厘米
俄罗斯联邦国立历史博物馆藏

这套葡萄酒具一共六件，包括一件公鸡状的长颈酒瓶、四件小鸡状的酒杯和一件双耳圆托盘，由莫斯科赫列勃尼科夫公司制造。

葡萄酒容器

1889 年
银；铸造，雕镂，镀金
酒瓮高 22 厘米，直径 13.3 厘米
长柄勺 5 厘米 ×20.2 厘米 ×8.2 厘米
酒杯 5 厘米 ×9.7 厘米 ×6.6 厘米
托盘 6.5 厘米 ×42.8 厘米 ×42.8 厘米
俄罗斯联邦国立历史博物馆藏

鸡尾酒具

1908—1917 年

银，贵榴石，玛瑙，玉髓，绿玉髓，珐琅；铸造，雕镂，掐丝，镀金

长柄酒篮 16.2 厘米 ×35 厘米 ×22 厘米

提梁 19 厘米 ×3.8 厘米

长柄勺长 22.2 厘米

小长柄勺 4.5 厘米 ×9.5 厘米 ×6.2 厘米

俄罗斯联邦国立历史博物馆藏

烈酒杯

1711—1720 年
无色玻璃；雕刻
高 10.5 厘米，口径 9.5 厘米，
底径 6.1 厘米
俄罗斯联邦国立历史博物馆藏

杯身上装饰有双头鹰图案和“彼得大帝万岁”字样，制造于彼得一世掌权时期，此时他尚未宣布自己为俄罗斯帝国皇帝。

高脚杯

18 世纪中叶
无色玻璃；吹制，雕刻
高 28 厘米，口径 10.2 厘米，底径 12.3 厘米
俄罗斯联邦国立历史博物馆藏

高脚杯上刻有伊丽莎白女皇的半胸像和双头鹰图案。

高脚杯

18 世纪 70 年代
无色玻璃；吹制，雕刻
高 24.7 厘米，口径 10 厘米，底径 10.3 厘米
俄罗斯联邦国立历史博物馆藏

这只高脚杯由圣彼得堡皇家玻璃厂制作，杯身刻有女皇叶卡捷琳娜二世的肖像。

叶卡捷琳娜二世喜爱牌类游戏，她认为玩牌有助于发展逻辑思维并使人保持冷静，但禁止以金钱为赌注。这套筹码和筹码盘为女皇所用之物，雕刻有鲜花、蜜蜂、蜂房等图案，相当精美。

筹码

1775—1796 年
金；雕刻
矩形筹码 5.4 厘米 ×1 厘米
圆形筹码直径 2.5 厘米
俄罗斯联邦国立历史博物馆藏

筹码盘

1775—1796 年
金；铸造，雕刻
直径 19.6 厘米
俄罗斯联邦国立历史博物馆藏

球形墨水台

19 世纪初
钢，铜，锡；镶嵌，雕刻，镀金
24.5 厘米 ×13 厘米 ×10.5 厘米
俄罗斯联邦国立历史博物馆藏

18 世纪末，球形墨水台开始流行。这种墨水台通常设计有小抽屉，拉开抽屉能看到华丽精致的装饰画。

“卖鱼翁”镇纸

19 世纪中叶

铜，孔雀石；铸造，模压，镀金，镶嵌

13.5 厘米 ×13.7 厘米 ×8.8 厘米

俄罗斯联邦国立历史博物馆藏

“乡村姑娘”镇纸

19 世纪 30 年代

铜，孔雀石；铸造，模压，镀金，镶嵌

11 厘米 ×13 厘米 ×9.5 厘米

俄罗斯联邦国立历史博物馆藏

书写装置

1885 年
银，斑岩，珐琅；铸造，压花，镀金
高 36 厘米，底座 45 厘米 ×30 厘米
俄罗斯联邦国立历史博物馆藏

这件 1885 年制作的书写装置是多戈卢科夫收到的庆祝他任职莫斯科总督 20 周年的礼物。装置的中部为多戈卢科夫银制半胸像，下方依次为珐琅家族徽章和浅浮雕克里姆林宫。顶部为双头鹰雕像和亚历山大二世、亚历山大三世半胸像，多戈卢科夫主要活动于这两位皇帝的统治时期。这件书写装置用于盛放鹅毛笔专用墨水、干燥沙及修理笔尖的阔笔器等。

弗拉基米尔·安德烈耶维奇·多戈卢科夫（1810—1891），公爵，军事家，国务活动家，1865—1891 年担任莫斯科总督，在莫斯科市修建马路、推行煤气照明，受到平民的爱戴。

拆信刀

18 世纪下半叶
银，钻石，红宝石，祖母绿，蓝宝石，黄宝石，贵榴石，石榴石，尖晶石，钢；铸造，镀金，镶嵌
长 30 厘米
俄罗斯联邦国立历史博物馆藏

拆信刀最初只是贵族随身携带的短匕首或短剑，后来逐渐演化为专门用于划开信封、撬掉蜡封的短剑状文具。

“俄罗斯民族”系列雕塑（一组）

19 世纪末—20 世纪初
素瓷；彩绘，镀金，镀银
俄罗斯联邦国立历史博物馆藏

此系列雕塑参照《俄罗斯民族志》图册中的插图制作。这本图册是 1862 年庆祝俄罗斯建国一千年时出版的。

哥萨克标兵
高 28 厘米

吉尔吉斯人
高 26.5 厘米

喀山的鞑靼女人
高 24.5 厘米

卡卢加的农妇
高 24 厘米

摩什茨基的萨莫耶德女人
高 22.5 厘米

“抱着公鸡的村姑”套娃（一组）

20 世纪初
木；旋刻，绘画
高 2.1—15 厘米，直径 1.3—7.8 厘米
俄罗斯联邦国立历史博物馆藏

1900 年，俄罗斯套娃在巴黎参加世界博览会，一举夺得铜牌。自此，套娃闻名于世，成为俄罗斯的象征之一。

俄罗斯套娃通常为圆柱形，底部平坦，由大到小，层层相套或一字排开，情趣盎然，既可以作为摆设，也可以作为收纳盒和礼品盒。最常见的套娃图案是穿着俄罗斯民族服饰的姑娘，色彩亮丽，容貌甜美。

复活节被称为节中之节，亦称耶稣复活节、主复活节、耶稣复活瞻礼，是纪念传说中耶稣被钉十字架受难后第三日复活的节日。复活节日期不固定，一般在 3 月 22 日至 4 月 25 日之间，即春分后第一个满月之后的首个星期日。在俄罗斯，节日期间最流行的是互赠复活节彩蛋，象征复活和生命。

复活节彩蛋

19 世纪末

银，珐琅；掐丝，镀金

8.5 厘米 ×5.5 厘米 ×5.5 厘米

俄罗斯联邦国立历史博物馆藏

复活节彩蛋

1899—1908 年

银，绿玉髓，贵榴石，珐琅；掐丝，镀金

6.1 厘米 ×4.6 厘米 ×4.6 厘米

俄罗斯联邦国立历史博物馆藏

The Qing

皇家的尊贵与华美在宫廷生活中随处可见，凡起居、日用、盥洗、游憩等所涉及的器具都表现得淋漓尽致，特别是各种饮食用具更是如此。宫廷宴会名目繁多，规模大、讲究多、程序严。所有器具依照“美食配美器”的原则，除常用的景德镇官窑瓷器外，还有金银、玉石、漆木、骨牙等质地的器物，制作考究，精美绝伦。清前期诸帝都有较高的文化素养，擅长书画诗文。康熙喜爱音乐，曾研究乐律，主持编纂了音乐理论书籍《律吕正义》。乾隆少年时即涉猎书画，可以算是历代留下诗词和墨迹最多的皇帝。他还酷爱收藏，连同从祖父、父亲那里继承来的字画珍玩在内，毕其一生所搜集的稀世珍品数量之巨，举世无双。

五彩龙凤纹碗

清康熙
高 6.8 厘米，口径 13.2 厘米，足径 6 厘米
南京博物院藏

五彩龙凤纹碗始烧于康熙朝，并作为官窑瓷器的一种固定器物，延烧至清末。清代各朝所绘龙凤纹大同小异。相同之处是内壁皆于青花双圈内绘一条红彩立龙，不同之处在于凤纹颈部有线条式、羽毛式两种。康熙、雍正、嘉庆、光绪朝为线条式，咸丰、同治朝为羽毛式，乾隆朝两者兼备。此类碗有不同规格，康熙朝有五种，口径最小的 10.3 厘米，最大的 15.1 厘米。

此碗撇口，弧腹，圈足，白釉匀净。外壁腹部绘两组龙凤纹，红龙和绿龙各一条，口沿为八吉祥花卉纹，内壁口沿绘弦纹，内心绘红彩团龙纹。

黄地素三彩云龙花卉纹盘

清康熙
高 7.6 厘米，口径 40.8 厘米，足径 26 厘米
南京博物院藏

“素三彩”是以黄、绿、紫三色为主的瓷器，因色彩中没有红彩，故名“素三彩”。康熙朝素三彩瓷器极负盛名，素胎上刻画纹饰轮线，绘以图画，涂以釉彩，其工艺标新立异，品种丰富多样。

此盘为黄地素三彩纹样，折沿绘六条行龙，茄皮紫龙与绿龙相间，盘内壁饰牡丹、桃花、梅花、茶花、菊花、秋葵、莲、月季等八种折枝花卉纹，内底心绘两条作喜相逢式构图的龙纹，外壁亦饰六条赶珠龙纹。

青花冰凌锦纹盖罐

清乾隆

通高 28.5 厘米，口径 12.5 厘米，足径 11 厘米，盖径 11.1 厘米

南京博物院藏

这种粗壮造型的盖罐，俗称“壮罐”。此件以明永乐官窑器为蓝本烧造。乾隆十三年（1748）的官窑烧瓷记录显示，乾隆皇帝传旨，交唐英按明代官窑壮罐照样烧造，不必落款，作为冠帽架使用，烧成后于乾隆十四年（1749）五月十四日运到京城。此件即为其中所指。

此件盖罐覆碟形盖，圆珠纽，子口；短粗颈，长筒腹，大圈足；颈部和圈足绘饰海水纹，均为蓝地白花，罐盖和腹部为冰凌锦纹；盖内、圈足的白釉呈小波浪纹。

青花花卉开光瑞果纹执壶

清乾隆

高 29 厘米，口径 6.4 厘米，足径 10 厘米

南京博物院藏

乾隆时期的青花瓷有两大类，一类是典型乾隆器，一类是乾隆仿古器。其中乾隆仿古瓷仿得最多的是明宣德青花瓷。

此壶仿明永乐、宣德官窑之作。壶盖似倒扣的斗笠碗，环纽，浅盘口，束颈，溜肩，鼓腹，圈足外撇，长流，扁条形把手。盖面饰莲瓣纹、缠枝花卉纹，壶颈部有蕉叶纹，肩部绘缠枝西番莲纹，腹部两个开光，分别绘折枝桃纹、折枝牡丹纹、菊花纹和折枝枇杷纹、茶花纹、莲纹，胫部饰莲瓣纹装饰带。

青花十二月花卉纹杯

清康熙

高 4.9 厘米，口径 6.5 厘米，足径 2.6 厘米

南京博物院藏

此套杯胎薄如纸，唇缘如线。其口微撇，斜腹，胫部弧收，圈足。白釉润泽，青花发色纯正，一杯一花，腹壁一面绘画，一面题诗，有的诗句出自唐诗。经考证，套杯仅用十二种花卉做装饰，未完全按民间十二月花令花盟主的顺序排列，故称“十二月花卉纹杯”，习称“十二月花神杯”。

一月·水仙

春风弄玉来清画，夜月凌波上大堤。

二月·玉兰

金英翠萼带春寒，黄色花中有几般。

三月·桃花

风花新社燕，时节旧春农。

四月·牡丹

晓艳远分金掌露，暮香深惹玉堂风。

五月·石榴花

露色珠帘映，香风粉壁遮。

六月·荷花

根是泥中玉，心承露下珠。

七月·兰花

广殿清香发，高台远吹吟。

八月·桂花

枝生无限月，花满自然秋。

九月·菊花

千载白衣酒，一生青女霜。

十月·芙蓉花

清香和宿雨，佳色出晴烟。

十一月·月季花

不随千种尽，独放一年红。

十二月·梅花

素艳雪凝树，清香风满枝。

黄釉海碗

清康熙
高 17.2 厘米，口径 37.5 厘米，足径 16.6 厘米
南京博物院藏

明清时期，黄釉碗是每朝官窑的必烧品种。康熙朝黄釉碗的规格最多，有十余种。此碗的口径是最大的，最小的口径七八厘米。如此大口径的黄釉碗仅见于康熙朝。据《钦定皇朝礼器图式》，这样的黄釉碗为祭祀时盛酒所用。《国朝宫史》卷十七“经费一”中规定了后宫女眷们日用碗的等级，全黄釉碗盘为皇太后与皇后使用。

蓝地黄彩云龙纹碗

清康熙
高 7 厘米，口径 14.1 厘米，足径 5.9 厘米
南京博物院藏

清代宫廷所使用的各类瓷器在颜色和纹饰上，均有严格的规定。此类蓝地黄彩龙纹碗盘由嫔使用。

胭脂红雕地粉彩花卉纹碗

清乾隆
高 5.2 厘米，口径 9.3 厘米，足径 4 厘米
南京博物院藏

雕地工艺，北方称“轧道”，景德镇方言称“扒花”。在粉彩瓷中，粉彩雕地工艺最为精细，始见于乾隆官窑。在锦地上绘花卉纹，有“锦上添花”“好上加好”之意。

玉餐具（一组）

清嘉庆
碗高 6.3 厘米，口径 13.8 厘米
盘高 2.6 厘米，口径 15.3 厘米
筷长 24.7 厘米
汤匙长 14.6 厘米
南京博物院藏

覆彩藏青地黄彩云龙纹盘

清康熙

高 6 厘米，口径 32 厘米，足径 23 厘米

南京博物院藏

此盘的烧造工艺是先烧成蓝地白花青花瓷，再于整个纹样处罩黄釉，口沿和外足壁施薄瓜皮绿釉，最后经约 850℃高温烧制而成。此盘因为于青花器上再施釉，故曰覆彩。其内心为团龙纹，内外壁分别绘两组云龙纹。

青花海水红彩云龙纹盘

清乾隆
高 8 厘米，口径 47.8 厘米，足径 27 厘米
南京博物院藏

这是一件乾隆官窑的代表性器物。盘面所绘龙纹，笔画严谨，其纹饰有变化，应为陈设瓷。纹样以青花绘流云海水，用矾红彩画行龙，构成海水云龙纹。盘内心为蓝地白花海水纹，一条红彩正面龙居中，内外壁分别绘四条行龙，龙爪有三爪、五爪之别，龙尾有花尾、尖尾之分。

湖绿地粉彩花鸟纹高足碗

清光绪

高 13.7 厘米，口径 22.2 厘米，足径 9.6 厘米

南京博物院藏

高足碗敞口，斜弧腹，高圈足。其为湖绿地粉彩装饰，内外壁绘过墙式花鸟纹：一株紫藤的老根自外壁的胫部伸出，经由口沿折向内壁，由老藤而生发的图案铺展于碗的内外壁，藤缠蔓绕，夹杂着一簇簇怒放的粉红月季花。外壁所绘紫藤老枝上，栖息着一只面对花朵欢鸣的画眉鸟。口沿描金彩，高圈足外壁绘礁石海水纹，寓意“寿山福海”，内壁罩白釉，高足碗口沿下留空处绘“大雅斋”红彩楷书款，其右侧钤椭圆形“天地一家春”阳文篆书印章款，款的外周为双龙纹。同样纹样在大雅斋款的高足碗、高足盘、缸和花盆上都有绘制；同治至光绪年间官窑还烧制绘有这种纹样但无款的花盆。

湖绿地粉彩花鸟纹高足盘

清光绪
高 13.7 厘米，口径 22.5 厘米，足径 9.7 厘米
南京博物院藏

高足盘敞口，斜弧腹，高圈足。其与上例高足碗配套，装饰手法和款识一致，不同之处在于纹样和款的主要部分，高足碗绘于外壁，盘子绘在内壁，这是制作者根据造型不同、观赏视觉有异而安排的。

金地粉彩福寿宝相纹盖碗

清乾隆

通高 7.6 厘米，口径 11 厘米，足径 3.9 厘米

南京博物院藏

此盖碗，覆碟形盖，圈足式纽。碗口沿微撇，弧腹，圈足。外壁绘金地粉彩纹饰，盖面与碗外壁的纹饰相同，以蝙蝠、四出方胜贯套纹与宝相花纹作二方四面对称组合，宝相花的旁边绘有寿桃和方胜，取绵长之意，整个纹饰亦称万福宝相纹。

粉红雕地卷草锦纹粉彩勾莲拐子龙纹盖碗

清乾隆

通高 8.7 厘米，口径 11.1 厘米，足径 3.6 厘米

南京博物院藏

盖碗覆碟形盖，圈足式纽。碗口沿微撇，弧腹，圈足，纽同圈足中间都有突出的小鸡心点。盖碗外壁装饰雕地卷草锦纹和粉彩勾莲拐子龙纹。

拐子龙纹是明末清初时期家具上常见的纹样，其特点是龙眼多作风眼状，龙躯呈圆柱形或长方圆角柱体，形态伸展，尾部呈卷草式。在瓷器纹样中，因为龙的躯体不可能表现为立体形象，故多以平面双线条表现。

铜珐琅盅

清
高 6 厘米，口径 9.6 厘米
南京博物院藏

此器铜胎镀金，直口，圈足，外壁施浅蓝色珐琅为地，饰“万寿无疆”篆书吉语和缠枝莲纹，底錾刻阴文“子孙永宝”四字篆书款，为宫廷寿宴用品。

墨彩描金花鸟草虫纹瓷纸篓

清光绪

高 26.7 厘米，长 28.3 厘米，宽 27.8 厘米

南京博物院藏

纸篓正方造型，内折沿，方唇，直腹，平底。器物后侧向上伸出花边半圆形，构成纸篓挡板。挡板正面绘一株兰花，反面饰粉彩荷花蜻蜓图。纸篓其他三个侧面，外壁以墨彩勾边，赭色填彩绘散点式蝴蝶纹。

粉彩花卉纹墨彩御题诗六方笔筒

清乾隆

高 15 厘米，口边长 9.7 厘米

南京博物院藏

笔筒通体六方造型，直口，方唇，直腹，大平底，下设六只角足。口沿描金，外壁的六个块面墨彩御题诗与粉彩花卉纹相间而饰，花卉纹分别为石榴、山茶、菊花。

乾隆皇帝的三首御题诗，分别为行书《咏石榴》："涂林经九夏，绛蜡抹檐楹。的的逞艳妆，竞沾雨露荣。佳人开香奁，趁晚折繁英。几度残红退，用识时序更。忆昨看花开，今日看花谢。如何红鲛绡，剪碎纷雨下。翻思桃李容，犹自萎春风。人生娇艳姿，试拟将毋同。"下绘篆书"乾隆"白文、"宸翰"朱文两枚方印。

隶书《咏山茶》："腊尽葭灰里，春回羯鼓中。山茶初放雪，冰萼欲凌风。气冷芬偏远，霜余色转融。何须营少志，曾见画难工。静婉妆才罢，环风舞未终。艳如桃李让，操与竹松同。叶染鸭头绿，花翻鹤顶红。谁知赵叟后，今夏见邱翁。"下绘篆书"比德"白文、"朗润"朱文两枚方印。

篆书《咏菊花》："嫩蕊饮幽露，手摘湿泠泠。即此供吟赏，何劳餐落英。篱下素花寒，枝头白露冻。洗来双眼豁，不羡金铜盘。采芳须采菊，菊花有佳色。金英承露花，汉武何由行。蓐牧驱女夷，一去不回顾。独余终古英，晚景傲霜露。"下绘篆书"惟精"白文、"惟一"朱文两枚方印。

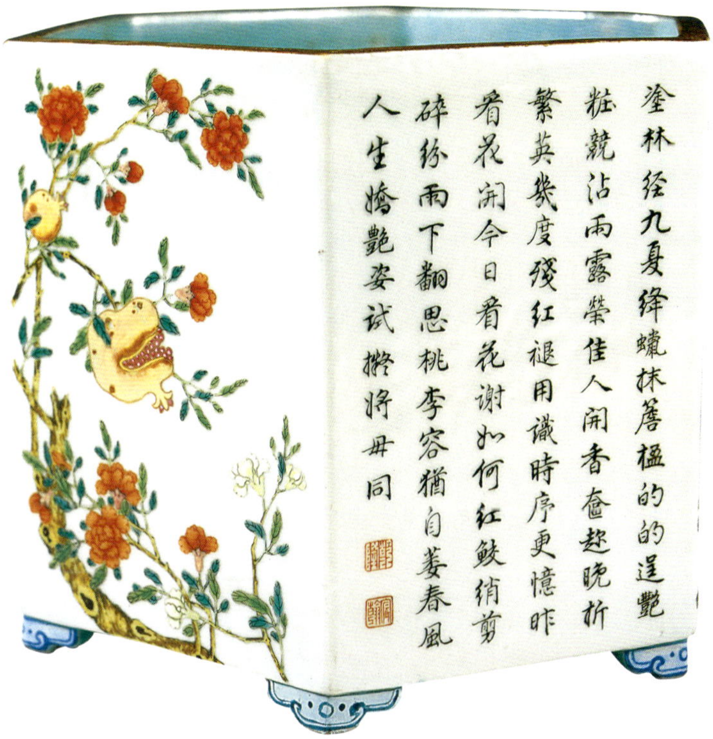

文房用品在古代文房书斋中，除笔、墨、纸、砚，即“文房四宝”外，还有一些与之配套的其他器具，品种繁多、制作精良。清宫文房用品一部分由内廷造办处自行督造，一部分交由地方按内廷式样制作，也有地方官员按年例进贡的方物制作，其造型、质地、种类丰富多彩，凸显文房用具的雅致与精巧。

清代帝王吸取了前朝的经验教训，非常重视皇子的教育，规定皇子年届六岁开始学习满文、蒙古文、汉语等语言文字及“四书五经”等儒家经典，读书时间为“卯入申出”，即早晨5点至下午3点。

御制羊毫斗笔（一组）

清

通长29.5厘米，笔头长8.5厘米

南京博物院藏

乾隆辛卯年制御墨（一组）

清乾隆
左一长 8.9 厘米，宽 5.6 厘米
左二长 11 厘米，宽 4.2 厘米
左三长 11.5 厘米，宽 4 厘米
左四长 9.2 厘米，宽 2.4 厘米
南京博物院藏

御墨即皇帝所用的墨。乾隆时期，清宫制作了大量成套的御墨。像许多宫廷里的物品一样，御墨大多由宫廷造办处负责制作，也有一些地方官员根据宫廷御墨的款式，找制墨名家打造贡品，献予皇帝御用。

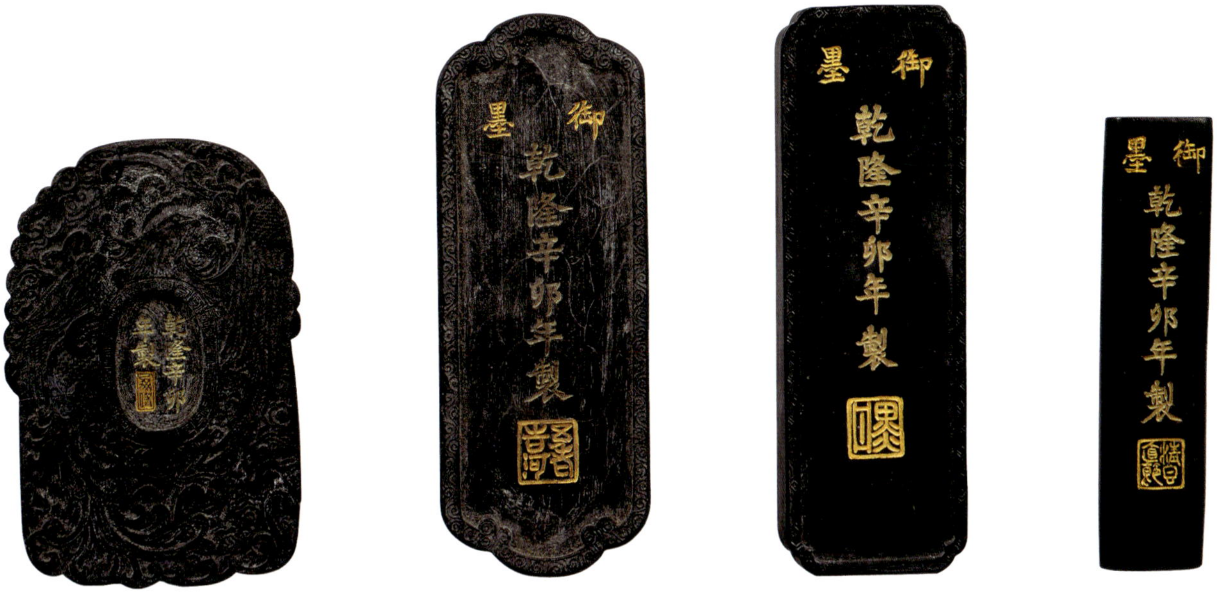

白玉印盒

清
高 4.2 厘米，口径 6.7 厘米
南京博物院藏

仿汝青灰釉叶形笔掭

清乾隆
高 2 厘米，长 15.4 厘米，宽 11.4 厘米
南京博物院藏

笔掭为五出牡丹叶浅盘造型，器物的正反两面都将叶茎一一地表现出来，通体罩润泽的仿汝青灰釉。支烧，底部有小支烧点。

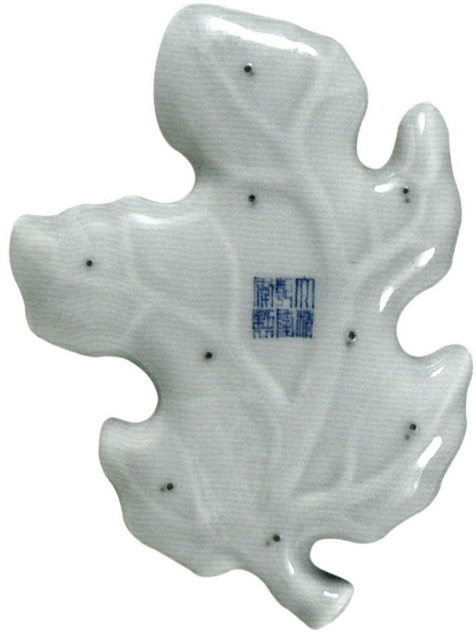

冬青釉海棠花式洗

清乾隆
高 4.2 厘米；外口长 9.7 厘米，宽 7.9 厘米；
外足长 7.3 厘米，宽 5.9 厘米
南京博物院藏

此洗通体呈双层花式造型，内层为四瓣海棠式，外层花叶呈皱褶式，圈足，足端平切。通体罩冬青釉，釉质润泽匀净。

四瓣海棠式器物在唐代瓷器上最常见，清代官窑中也有，多为单层，像这类双层结构的极少见到。

豆青釉堆花云纹马蹄式盂

清康熙

高 7.5 厘米，口径 4 厘米，足径 8 厘米

南京博物院藏

此盂因形似马蹄，又称“马蹄尊”，是康熙时期流行的文房用品。盂敛口，溜肩，斜弧腹，平底内凹成大圈足。内外壁皆罩冬青釉，釉质滋润匀净，口沿一线釉薄，两边截线很齐。外壁饰堆花祥云纹。

红彩叶纹葫芦式盂

清雍正

高 5 厘米，口径 3 厘米，足径 6 厘米

南京博物院藏

葫芦式造型，底内凹成浅圈足。白釉滋润，外壁满绘红彩叶纹。

绘纹样所用颜料为青矾，也称“矾红彩”，又因为着色剂是氧化铁，亦称“铁红彩”，传统红绿彩、五彩中的红色都是这种红彩。它还可以作为低温釉，满施于瓷器之上。

青玉梅花式洗

清

高 6 厘米，长 15.5 厘米

南京博物院藏

白玉“三阳开泰”摆件

清

高 4.9 厘米，长 9.5 厘米

南京博物院藏

青玉兽形摆件

清

高 6.7 厘米，长 8.4 厘米

南京博物院藏

梅花诗文折扇

爱新觉罗 · 弘历
清乾隆
纵 16.1 米，横 47.7 厘米
南京博物院藏

乾隆帝弘历勤于诗文，常即兴作诗。有时乾隆出题，臣工代作，有时命近臣、画家依诗作画。乾隆的诗常借花鸟草虫等自然之物抒发情感，御制诗意画则藏笔触于枝叶，自然恬淡，既有审美价值，又具史录功能。

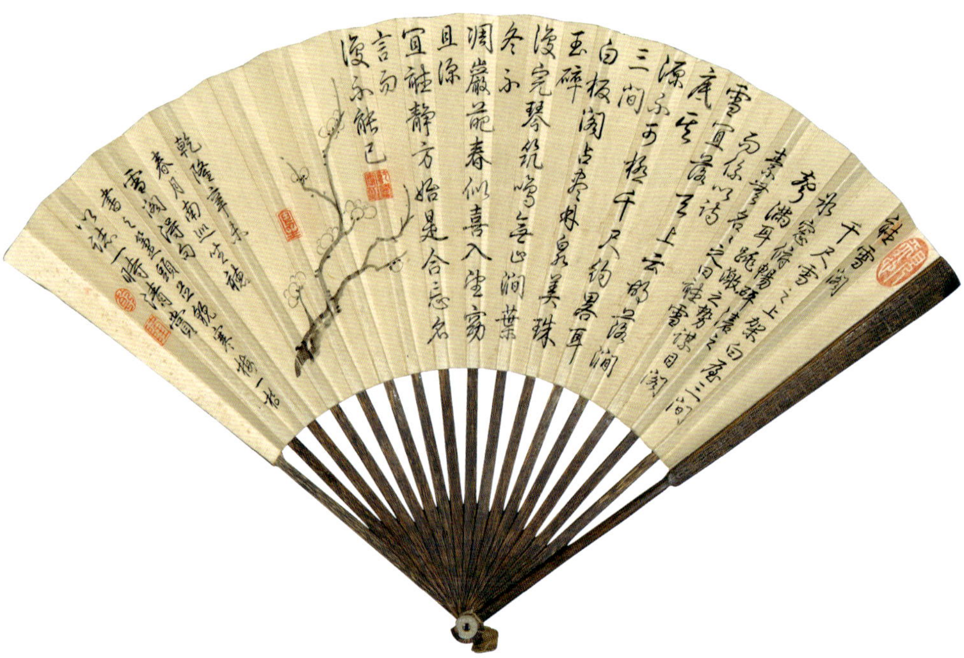

御制平定台湾告成热河文庙碑文折扇

爱新觉罗·永璇

清乾隆

纵 17.2 厘米，横 54 厘米

南京博物院藏

爱新觉罗·永璇（1746—1832），清高宗乾隆皇帝第八子，封仪慎亲王。书法赵孟頫，犹丽可亲，花鸟风格恬美，亦能作平远山水。著有《古训堂诗》。

御制花卉诗图

爱新觉罗 · 永璇

清乾隆

卷，纸本，设色

纵 18.8 厘米，横 123.5 厘米

南京博物院藏

题识：

御制牡丹诗。

品尊魏紫亚姚黄，谷雨舒葩殿众芳。

四照玉堂春富贵，一枝独冠百花王。

臣永璇敬书恭绘。

御制桃花诗。

仲春应律始舒葩，绛雾缤纷灿锦霞。

灼灼异华吐秾艳，仙源渺漠引渔槎。

臣永璇敬书恭绘。

御制梅花诗。

万卉含生属化工，一番花信一番风。

南枝预报真消息，冷艳先舒白雪中。

臣永璇敬书恭绘。

御制茶花诗。

一树千葩吐艳毵，蒸霞烁日发华滋。

岁寒不觉冰霜厚，密蕊偏宜栗烈吹。

臣永璇敬书恭绘。

鸲鹆图

赵佶

北宋

轴，纸本，墨笔

纵 88.2 厘米，横 52 厘米

南京博物院藏

宋徽宗赵佶（1082—1135）的花鸟画风格以工细彩墨为主，寓巧于拙，对北宋后期院画产生了重要影响。《鸲鹆图》是其拙朴风格的代表作，笔墨纯和，脱去凡格，深得落墨之意韵。赵佶作品传世甚少，至清代中后期已凤毛麟角，古书画收藏界对之趋之若鹜，当然也成为清宫内府收藏的对象。

乾隆皇帝文武双全，能诗善画，精于骑射，自称“十全老人”。他通过访求、抄家罚没、捐献纳贡、谕旨洽购等诸多方式，将大批历代书画名迹网罗收入内府。嘉庆皇帝颙琰也爱好书画收藏，极力效法其父大肆访求，由此清宫所积累的书画名迹盛极一时。乾隆九年（1744），弘历颁旨编纂《秘殿珠林》《石渠宝笈》，乾隆五十六年（1791）又敕令纂辑《钦定秘殿珠林石渠宝笈》续编；嘉庆二十年（1815），颙琰也敕令编纂《钦定秘殿珠林石渠宝笈》三编，历时七十余年，将内府所藏书画全部辑录，收录作品计一万二千余件，卷帙浩繁，蔚为壮观。

《鸲鹆图》上方有宋徽宗署“天下一人”押，以押书署款，画心、裱绫留下了乾隆皇帝、嘉庆皇帝、咸丰皇帝的题跋或鉴赏印迹，另附咸丰朝大臣奕䜣、许乃普、沈兆霖等人的和诗，益发增加其历史价值。

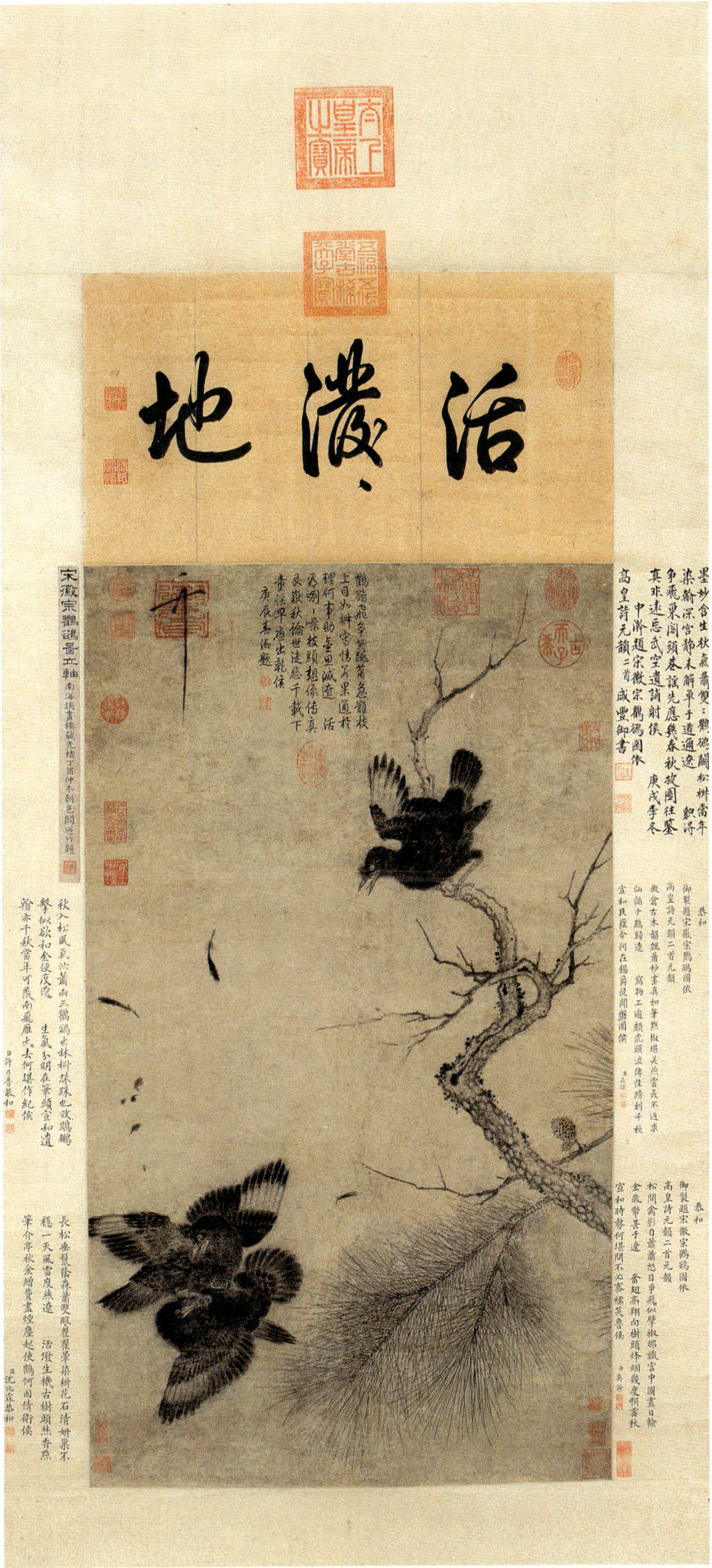

Clothing and Fashion

锦衣风范

The Russia

18 世纪初，彼得一世改革要求以欧洲服饰取代民族服饰，并学习西方的礼仪。自此贵族们纷纷脱下笨重的长袍，换上简洁、美观的服饰，欧洲的社会风尚、服饰装扮和宫廷礼仪成了上流社会追逐的潮流。女性宫廷服饰极富曲线和装饰韵味，男装的面料和装饰可与女士礼服媲美，整个 18 世纪都保持着同样的款式。18 世纪末古典风格独领风骚，到了 19 世纪初，燕尾服、坎肩、长裤开始流行，女性服饰也更加精美繁复，突出细腰、窄肩、圆臀等柔美线条。欧洲的服饰礼仪在贵族群体中流行，而俄罗斯传统服饰文化则在广大平民阶层中保持着强大的活力。

宫廷礼服

19 世纪末—20 世纪初
呢绒，金线，镀金亮片，铜，丝织物；刺绣
后背长 94 厘米
俄罗斯联邦国立历史博物馆藏

长身上衣

1775—1799 年
天鹅绒，丝绸；织造，刺绣
后背长 112 厘米
俄罗斯联邦国立历史博物馆藏

马甲

18 世纪 80 年代
丝绸，麻布，彩色丝线；编织，刺绣
前襟长 75 厘米
俄罗斯联邦国立历史博物馆藏

彼得大帝的服饰改革为俄罗斯宫廷引入了欧式服装，这种服装潮流逐渐为贵族、各级官僚和富商们所推崇。

拖尾裙

19 世纪 70 年代末—80 年代初
云纹绸，塔夫绸，棉布，彩色丝线；机织，机绣
前长 135 厘米，后背长（含拖尾）205 厘米
俄罗斯联邦国立历史博物馆藏

胸针吊坠

18 世纪下半叶
银，钻石，铜；镶嵌
23.7 厘米 ×8.5 厘米
俄罗斯联邦国立历史博物馆藏

胸针

18 世纪中叶
金，银，钻石，红宝石；镶嵌
4.2 厘米 ×3.1 厘米
俄罗斯联邦国立历史博物馆藏

胸针

19 世纪中叶
金，银，钻石，绿松石，玻璃，铜；镀金，镶嵌
5.6 厘米 ×8.3 厘米
俄罗斯联邦国立历史博物馆藏

胸针

1880—1890 年
金，钻石，祖母绿；镶嵌
长 5.2 厘米
俄罗斯联邦国立历史博物馆藏

胸针

19 世纪 80—90 年代
金，银，钻石，红宝石，玛瑙；铸造，镶嵌
2 厘米 ×3.4 厘米
俄罗斯联邦国立历史博物馆藏

胸针

19 世纪末—20 世纪初
金，钻石，珐琅；镶嵌
5.9 厘米 ×5.5 厘米
俄罗斯联邦国立历史博物馆藏

胸针

20 世纪初
金，银，钻石，珍珠；镶嵌
3.3 厘米 ×5.2 厘米
俄罗斯联邦国立历史博物馆藏

扇形胸针

1899—1908 年
金，贵榴石，红榴石；镶嵌
6.5 厘米 ×4.4 厘米
俄罗斯联邦国立历史博物馆藏

吊坠

1900—1908 年
金，钻石，珐琅；雕刻，镶嵌
5.2 厘米 ×3.8 厘米
俄罗斯联邦国立历史博物馆藏

此吊坠由俄罗斯著名珠宝加工厂法贝热公司制作。

胸针

1908—1917 年
金，银，钻石，海蓝宝石，铜；镶嵌
3.2 厘米 ×3.7 厘米
俄罗斯联邦国立历史博物馆藏

腰带扣

18 世纪
金，银，钻石，铜；镶嵌
5 厘米 ×13.2 厘米
俄罗斯联邦国立历史博物馆藏

手镯

19 世纪中叶
银，红宝石，祖母绿，锆石，尖晶石，贵榴石，玻璃，铜；雕刻，镶嵌
6.8 厘米 ×7 厘米 ×6.5 厘米
俄罗斯联邦国立历史博物馆藏

手镯

19 世纪末
金，珍珠，红榴石，贵榴石；镶嵌
2.8 厘米 ×7.4 厘米 ×6.6 厘米
俄罗斯联邦国立历史博物馆藏

护腕手镯

19 世纪 60 年代

黄金，红宝石，珍珠，珐琅；镶嵌

5.6 厘米 ×7.4 厘米 ×6.8 厘米

俄罗斯联邦国立历史博物馆藏

戒指

20 世纪初

金，银，石榴石；镶嵌

2.5 厘米 ×2.8 厘米 ×2.8 厘米

俄罗斯联邦国立历史博物馆藏

戒指

19 世纪下半叶

金，钻石，珐琅；镶嵌

1.3 厘米 ×2.5 厘米 ×2.5 厘米

俄罗斯联邦国立历史博物馆藏

戒指

18 世纪下半叶

金，银，钻石，紫水晶，贵榴石；镶嵌

3 厘米 ×3.2 厘米 ×3.2 厘米

俄罗斯联邦国立历史博物馆藏

托盘

1908—1916 年

金，银，钻石，蓝宝石，玛瑙；雕刻，镶嵌

2.4 厘米 ×8.6 厘米 ×4.3 厘米

俄罗斯联邦国立历史博物馆藏

首饰盒

1894 年

金，银，钻石，红宝石，尖晶石，贵榴石，石榴石，紫晶，黄水晶，珐琅；铸造，模压，雕刻，掐丝

13.2 厘米 ×37.7 厘米 ×24.3 厘米

俄罗斯联邦国立历史博物馆藏

这是亚历山大三世的长女谢尼亚·亚历山德罗芙娜公主（1875—1960）收到的一件新婚礼物，她于 1894 年嫁给了自己的堂叔亚历山大·米哈伊洛维奇公爵（1866—1933）。

带锁首饰盒

1780 年
银，铜；雕刻，镶嵌，乌化，镀金
16.8 厘米 ×36.7 厘米 ×25 厘米
俄罗斯联邦国立历史博物馆藏

带抽屉的首饰盒

约 1801 年
钢，铜，天鹅绒；铸造，雕镂，镀金
16.5 厘米 ×29 厘米 ×17 厘米
俄罗斯联邦国立历史博物馆藏

这只由图拉工匠手工制作的首饰盒是献给玛利亚·费奥多罗芙娜皇太后（1759—1828）的礼物，庆祝她的儿子亚历山大一世（1777—1825）加冕。首饰盒以钢制"钻石"装饰，闪烁的光芒可以和真正的钻石相媲美。

鼻烟盒

18 世纪中叶
银；雕刻，乌化，镀金
高 2.6 厘米，直径 8.5 厘米
俄罗斯联邦国立历史博物馆藏

这是西伯利亚总督德·伊·契切林献给叶卡捷琳娜二世的礼物，以纪念在 1741 年的探险航行中发现了阿留申群岛。鼻烟壶上刻有西伯利亚地图及其东北部的海洋和岛屿。

鼻烟盒

1787 年
银；雕刻，模压，乌化，镀金
高 3.5 厘米，直径 10 厘米
俄罗斯联邦国立历史博物馆藏

盒盖中央为叶卡捷琳娜二世的戎装半胸像，边缘刻有圣安德烈、圣亚历山大、圣叶卡捷琳娜、圣弗拉基米尔等六枚勋章及绶带。盒身侧面描绘的是 1783 年俄军夺取黑海入海口要塞的战斗场面。

鼻烟盒

1806—1809 年
金，纸，玻璃；雕刻，绘画
1.7 厘米 ×9.8 厘米 ×8.2 厘米
俄罗斯联邦国立历史博物馆藏

鼻烟盒

1837 年
金，紫水晶，铝箔；雕刻，镶嵌
3.6 厘米 ×8.1 厘米 ×5.5 厘米
俄罗斯联邦国立历史博物馆藏

盒盖中央的椭圆形紫水晶上雕刻有尼古拉一世（1796—1855）的肖像。

烟盒

1880—1890 年
黄金，珍珠贝母，铜；雕刻
2 厘米 ×9 厘米 ×5.5 厘米
俄罗斯联邦国立历史博物馆藏

车尔尼雪夫伯爵肖像

佚名

1726—1750 年

布面油画

143 厘米 ×108 厘米

俄罗斯联邦国立历史博物馆藏

格里高利·彼得洛维奇·车尔尼雪夫（1672—1745），俄军上将、枢密院议员、国务活动家。彼得一世统治时期，他被授予圣亚历山大勋章，后又被伊丽莎白女皇授予圣安德烈勋章。1742 年，在伊丽莎白女皇的加冕庆典上被授予伯爵封号并赐名。

画像中的车尔尼雪夫伯爵身披斗篷，佩戴圣安德烈勋章，左侧桌上摆放着一条系有圣亚历山大勋章的红色绶带。

舍列缅捷娃伯爵小姐肖像

伊万·利戈茨基

1769 年

布面油画

141 厘米 ×91.5 厘米

俄罗斯联邦国立历史博物馆藏

安娜·彼得罗芙娜·舍列缅捷娃（1744—1768），伯爵小姐，宫廷侍卫总管彼得·鲍里索维奇伯爵的长女，先后担任过伊丽莎白·彼得罗芙娜女皇与叶卡捷琳娜二世的宫廷女官。据同时代人回忆，她是个“迷人的女人，一双不大的黑眼睛，一副肤色黝黑却有生气的面庞，一双瘦小纤细的手，但五官却不好看”。在同保罗·彼得洛维奇大公的家庭教师尼·巴宁举行婚礼前几日，这位小姐身染严重的天花，不幸病逝。

画像中的伯爵小姐身着司战女神贝洛娜的服饰，正在参加 1766 年 6 月 16 日按照叶卡捷琳娜二世的命令举办的第一次宫廷游园竞赛活动。

梅莉古诺娃夫人肖像

德米特里·格里戈里耶维奇·列维茨基
18 世纪 70 年代
布面油画
88 厘米 ×70 厘米
俄罗斯联邦国立历史博物馆藏

娜塔莉娅·伊万罗芙娜·梅丽古诺娃（1742—1782）是一位经常组织盛大宴会的女主人，叶卡捷琳娜二世多次成为她的座上宾。

最高公爵德·弗·戈利岑肖像▸

弗·尼·里斯
1835 年
布面油画
122 厘米 ×100 厘米
俄罗斯联邦国立历史博物馆藏

德米特里·弗拉基米洛维奇·戈利岑（1771—1844），公爵，将军。他在 1812 年卫国战争中取得赫赫战功，成为民族英雄，自 1820 年起任莫斯科总督，因为对莫斯科城的有效管理，被授予圣安德烈勋章。

米尔科维奇小姐肖像

弗·卢·鲍洛维科夫斯基
1808年
布面油画
81厘米 ×62.5厘米
俄罗斯联邦国立历史博物馆藏

这是将军之女叶·亚·米尔科维奇小姐的肖像。

◂ 公园里的一家三口

佚名
19世纪20年代
布面油画
104.5厘米 ×83.5厘米
俄罗斯联邦国立历史博物馆藏

这是一幅三口之家在公园里的画像，父亲左胸前挂着一枚纪念1812年卫国战争的铜质贵族奖章。

身穿传统节日服装的女人

佚名
19 世纪 30 年代
纸板油画
80 厘米 ×53 厘米
俄罗斯联邦国立历史博物馆藏

不同于宫廷画家，外省画家的肖像画具有独特的艺术语言，力图刻画人物的外貌特征和自然天性。

◂ 无名女士像

伊 · 萨 · 加尔金
1903 年
画布油画
115.5 厘米 ×87.5 厘米
俄罗斯联邦国立历史博物馆藏

这幅画像创作于 20 世纪初，此时贵族与资产阶级精英的差距已经缩小。画像中无名女士所穿的白色长裙很可能出自俄罗斯帝国末代皇后亚历山德拉 · 费奥多罗芙娜（1872—1918）的御用裁缝拉玛诺娃之手。

Clothing and Fashion

锦衣风范

The Qing

清代服饰色彩缤纷、形式多样，礼仪制度严格。顺治、康熙、雍正三位皇帝遵循祖制，到乾隆时期增加了历代皇帝“衣纹云龙”“十二章”的纹样，并确立服饰制度。清宫内务府直接管理皇帝及后妃的服饰事务。皇帝的服饰分礼服、吉服、常服、行服、雨服、戎服和便服七大类，皇后分礼服、吉服、常服和便服四类，这些服饰分别穿戴于祭祀、朝会、节庆、节日、巡行、日常等不同场所。皇帝衣服的纹样、材质由内务府统一设计，交由江南三织造——南京、苏州、杭州定织，每年按照“额定”上缴宫廷。这些工艺繁缛、材质珍贵的宫廷服饰充分显示了匠人们高超的工艺水准，也体现了清代宫廷生活的高贵与典雅。

帽顶

清

粉珠帽顶通高 6 厘米

红珠帽顶通高 6.3 厘米

蓝珠帽顶通高 6.1 厘米

南京博物院藏

嵌宝金帽顶

清乾隆

通高 10.3 厘米，宽 4 厘米

南京博物院藏

盘金绣如意龙纹吉服袍

清

衣长 126 厘米，两袖通长 194 厘米

南京博物院藏

吉服是宫廷喜庆节日等场合穿的服装，包括吉服褂和吉服袍。此件盘金绣如意龙纹吉服袍，圆领、右衽、大襟、马蹄袖，蓝色缎地，袍上所有图案用金线盘绣，并用金线满绣如意菱形底纹，主体纹饰主要有龙纹、团寿纹、云纹等。前胸后背及两肩各绣正龙一，前后襟绣行龙四，底襟绣行龙一，共绣九条龙纹。前后襟下摆绣海水江崖纹和立水纹。

红地织锦云龙纹吉服袍

清

衣长 131 厘米，两袖通长 211 厘米

南京博物院藏

此件吉服袍圆领、右衽、大襟、马蹄袖，红色缎地织金龙纹，前胸后背及两肩各绣正龙一，前后襟绣行龙四，底襟绣行龙一，共绣九条龙纹。前后襟下摆绣海水江崖纹和立水纹。除织金龙纹外，还彩织八吉祥纹、团寿纹、吉鸟纹等，袍服接石青色织金云龙马蹄袖，领缘和襟边也镶石青色云龙织锦。

雪青地纳纱金银荷花纹女衣

清

衣长 132 厘米，两袖通长 128 厘米

南京博物院藏

此件女衣右衽、立领、窄袖，为纱质，身、肩、袖均用金银线绣荷花，领缘、袖口、襟沿、下摆镶有黑纱边，上绣荷花及“寿”字为饰。

绿缎绣蝶纹女衣

清

衣长 130 厘米，两袖通长 152 厘米

南京博物院藏

此件女衣对襟、圆领、直袖，面料为绿缎，上绣近百只蝴蝶，形态各异，栩栩如生。袖口、领边及衣襟下摆镶黑缎边，袖口又接一段黄绸袖边。黄绸袖边上图案为粤绣风格，与主体苏绣不同，别有意趣。整件女衣纹饰别致，典雅清新，所有纹饰排列有序，左右襟对称。

铜胎画珐琅带把玻璃镜（一组）

清

左长 27.3 厘米，圆镜直径 12.4 厘米

中长 36.6 厘米，圆镜直径 17.8 厘米

右长 35.3 厘米，圆镜直径 17.3 厘米

南京博物院藏

带把玻璃镜由镜身、镜柄两部分构成。此件镜身呈椭圆形，正面为玻璃镜，用以照面；镜背以珐琅彩“卍”字纹为地，中间嵌“囍”字，四周环绕八宝纹。沿镜边嵌透明蓝珐琅地描金花卉纹镜圈，用以固定镜面、镜背。镜身、镜柄由卷草纹孔雀绿染牙和刻瓜式珊瑚珠衔接。柄底端嵌铜镀金箍并系有带珊瑚珠的黄丝线穗。

绣花团扇（一组）

清

左通柄长 39.2 厘米，面径 25.6 厘米

右通柄长 41 厘米，面径 26.8 厘米

南京博物院藏

珠翠团花

清

长 11.5 厘米，宽 10.3 厘米

南京博物院藏

银镶翡翠蝴蝶形钿

清

长 7.8 厘米，宽 6 厘米

南京博物院藏

银镶珠宝点翠发簪（一组）

清

上通长 12.4 厘米，通宽 11 厘米

下通长 8.9 厘米，通宽 7.3 厘米

南京博物院藏

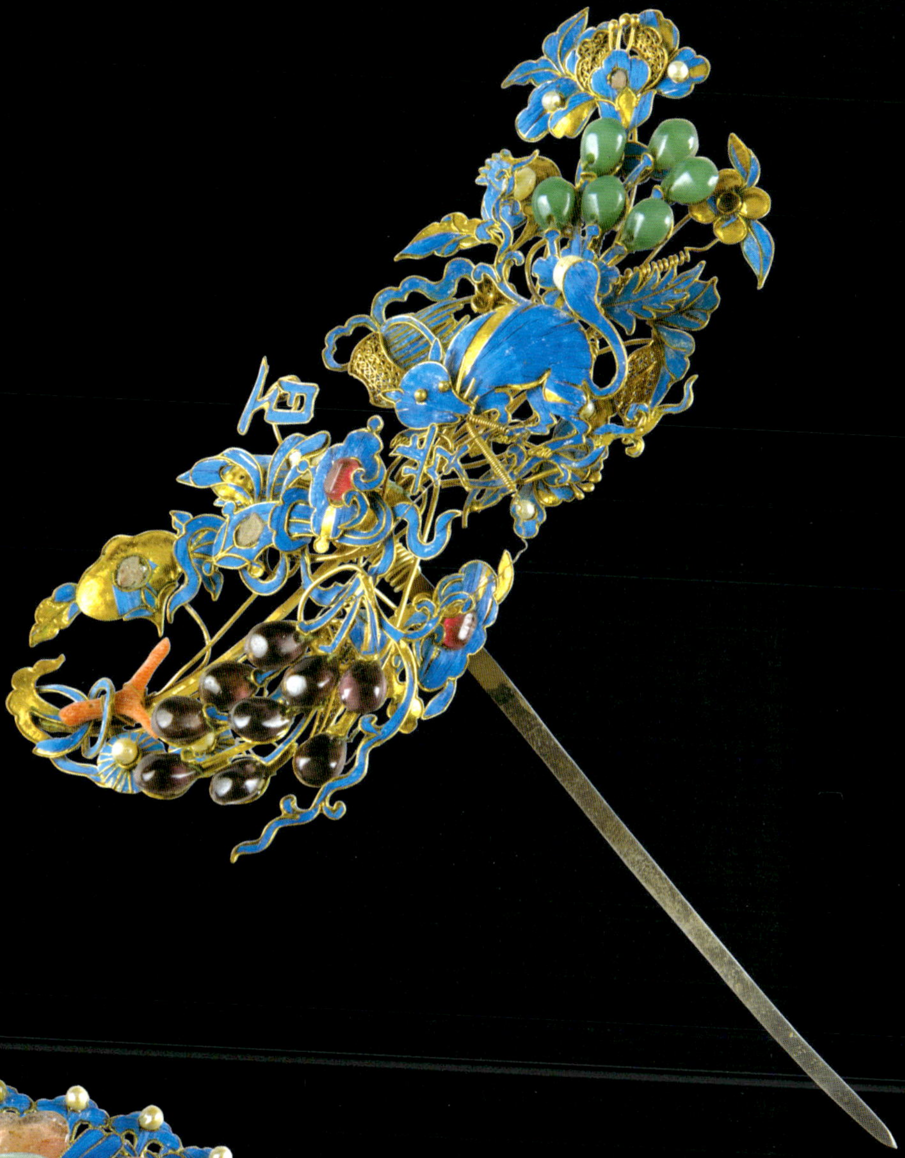

白玉镂空福寿纹发簪

清

长 14.1 厘米

南京博物院藏

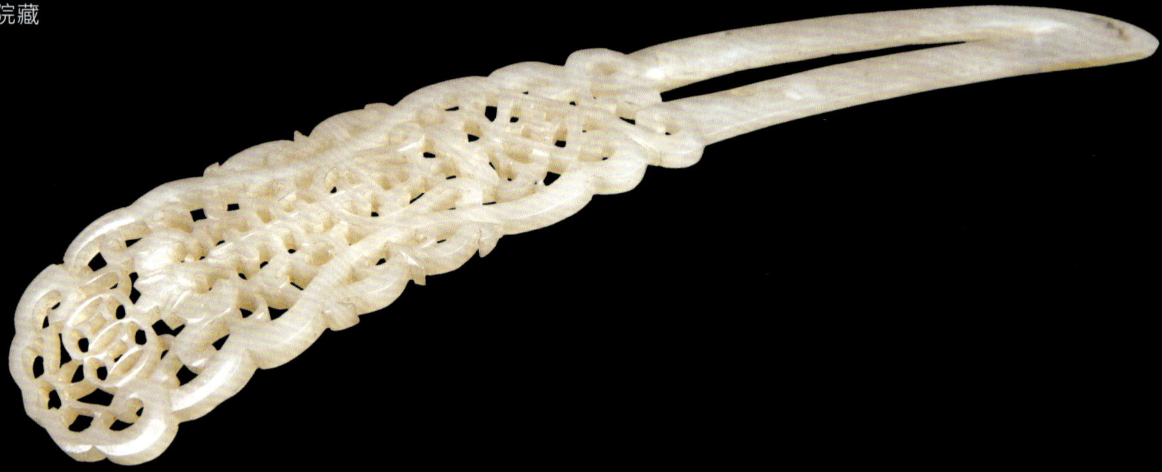

金嵌碧玺带饰

清

高 3 厘米，长 5.5 厘米，宽 4.5 厘米

南京博物院藏

翠玉龙带钩

清

高 2.6 厘米，长 9.2 厘米

南京博物院藏

白玉龙带钩

清

长 13.2 厘米

南京博物院藏

翡翠雕秋叶松鼠葡萄挂件

清

长 6.2 厘米，宽 2.9 厘米

南京博物院藏

此翡翠挂件在弯曲的角料上，用镂空、起突刻纹等技法雕飘拂的树叶、饱满的葡萄，顽皮的松鼠正在品尝葡萄，挂绳用珍珠、珊瑚点缀，益显华贵。

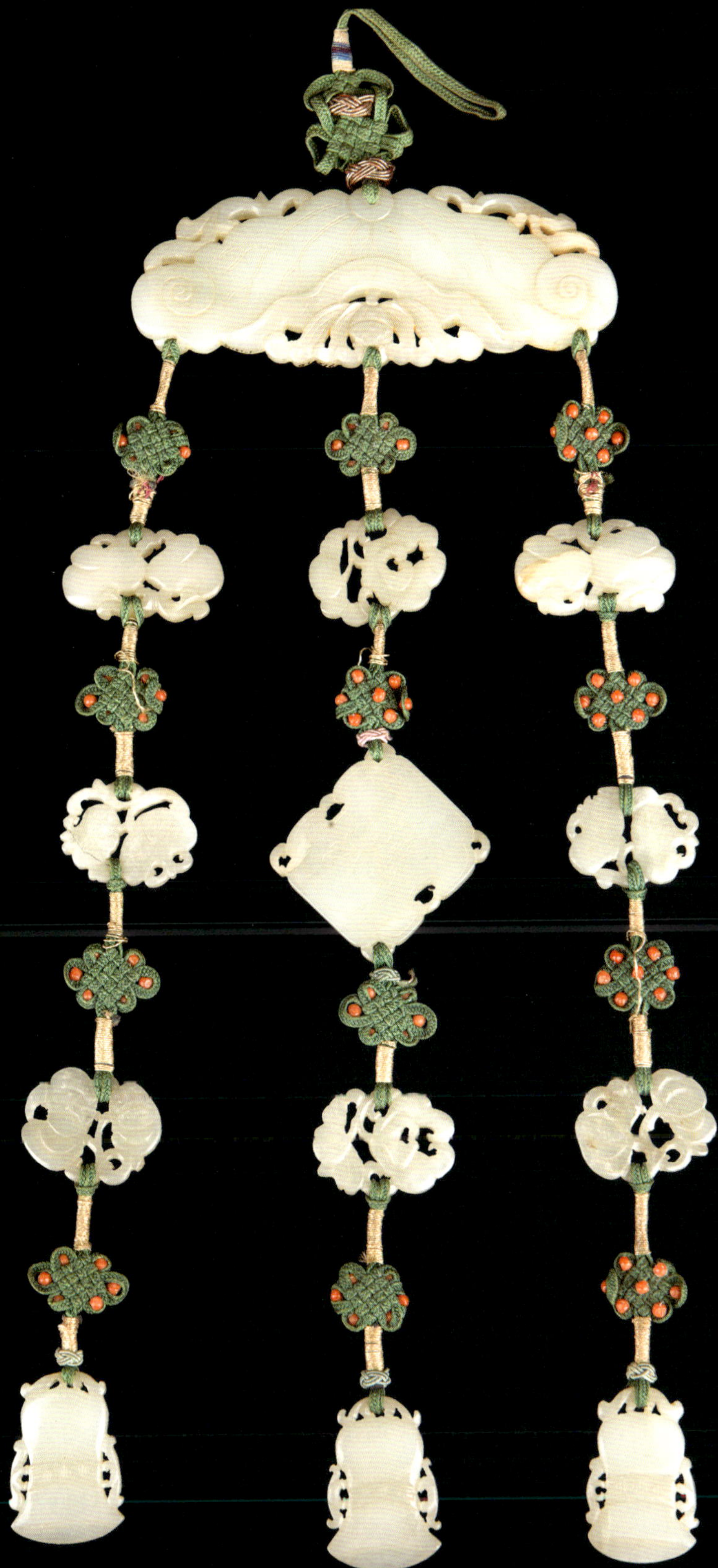

青玉荷叶磬挂件

清

长 11 厘米，宽 4 厘米

南京博物院藏

清宫后妃服饰艺术初探

朱媛媛 高梦琛

中国素有“衣冠之国”的美称，从尧舜禹开始，服饰就不仅仅是遮体御寒的工具，更承载着中华民族源远流长的传统文化内涵和丰富的美学意蕴。清代是中国古代历史上继元代之后第二个，也是最后一个由少数民族建立的统治全国的封建王朝。在这样特殊的历史条件和时代背景下，清代服饰制度在保留了鲜明的满族民族服饰特色的同时，也继承和吸收了历代汉族传统服饰的特点。那么清宫后妃的服饰是否也遵循了这样的制度？它又是如何体现出东方女性的魅力呢？

一、款式

清代后宫等级森严，后宫命妇自上而下可分为皇后、皇贵妃、贵妃、妃、嫔等。在服饰款式方面严格遵守《大清会典》中的服饰制度，按制着装，决不可逾越。

清宫后妃的服饰款式，大致可分为礼服、吉服、常服、便服四类，分别对应祭祀朝会、节庆筵宴、日常闲居等场合，除了便服以外，基本样式均包括马蹄袖长袍和外褂一套两件。

礼服是后妃在朝会、祭祀等重大场合穿着的服饰。以礼服中的朝服为例，完整的全套后妃朝服由朝冠、金约、珥、领约、朝珠、彩帨、朝褂、朝袍、朝裙、朝靴十种组成，由外至内分别为朝褂、朝袍、朝裙三件，分冬夏两类，冬季另加貂缘。

吉服是清代服制中首次明确指定的一种服饰，样式与常服相似，但装饰华丽，主要用于吉庆节日、筵宴迎銮以及礼仪场合的辅助阶段。一套后妃的吉服包括龙褂和龙袍各一件。根据《大清会典》记载，皇太后、皇后吉服袍为“圆领、右衽、大襟、左右开气；袖有袖身、接袖、综袖、马蹄袖端的明黄色的长袍。领与接袖、中接袖、袖端为石青色”。

二、服色

在组成服饰的若干要素当中，颜色无疑是首当其冲的。清宫后妃服饰的色彩运用和中国传统的“五行”思想有一定的联系。按“五行”说解释，“土”为中央，“金、木、水、火”为四方，而土为黄色，皇帝衣黄，即中央集权的象征，充分显示了“尊卑有序、上下有别”的等级制度。在清代服饰中等级最高的颜色是明黄色，明黄色是凌驾于一切服色之上的神圣而不可侵犯的颜色，只有皇帝、皇太后、皇后和皇贵妃才可享用。这一做法始见于《新唐书》“遂禁士庶不得以赤黄为衣服杂饰”，在《元史·舆服志》中也有“庶人不得服赭黄”的明令。红色则代表南方，是火焰和太阳的颜色，象征着热情、富贵、吉祥。在皇家的婚礼中，皇后和皇贵妃的嫁妆通常是红色系的衬衣、氅衣、马褂。另外，象征着天空的蓝色是清宫后妃服饰中各个等级使用较为普遍的颜色，其中石青色是最常用的颜色之一，象征着正统、古朴与庄重。

三、纹样

清代服饰纹样中最高贵的为龙纹和十二章纹，代表了皇权的至高无上，是皇帝御用的神圣不可僭越的专用花纹。清宫后妃的服饰上也少不了龙纹的装饰，以朝褂为例，根据《皇朝礼器图式》记载，皇太后、皇后、皇贵妃朝褂为石青缎衣上绣五彩云、五爪金龙纹，贵妃、妃、嫔朝褂饰五爪蟒纹，皇子福晋以下朝褂形制则皆饰四爪蟒纹。

此外，除了象征皇权的龙纹，服饰上也多见吉祥寓意的纹样，例如，彩帨是清宫后妃所用的一种佩巾，上面常绣“五谷丰登”“云芝瑞草”等吉祥图案，象征着国泰民安和吉祥长寿。

四、配饰

清宫后妃的配饰如同服饰制度一样，等级分明，上下有别，特别是在大典、大祀及一般典礼活动中，均有严格的规定：后妃要穿礼服或吉服，并戴朝冠或吉服冠、金约、领约、耳饰、朝珠、彩帨。除了《大清会典》中有章可循的，还有不在典制的，如钿子、流苏、簪子、头花、手镯、指甲套等都是后妃日常喜爱佩戴的首饰，具有明显的民族特征和时代特点。

除了传统的金银及珍珠玉石，清宫后妃配饰还喜用翠鸟的羽毛做点缀，特别是簪子、钿花等常常在造型底托上满饰点翠，再于主要部分镶嵌宝石、珍珠。翠鸟羽毛颜色艳丽，不易褪色，经其装点的点翠饰品既亮丽华美，又不失古朴，恰到好处地突出了东方女性的韵致。

中国古代服饰具有明显的符号意义，在一定程度上反映出一个朝代的政治、经济、文化等状况。清宫后妃的服饰也不例外，它兼具满汉文化特色，对研究清代服饰制度、宫廷生活、历史文化、艺术审美和丝织品的织造技术等具有重要价值。

参考文献：

1 严勇：《清代服饰等级》，《紫禁城》2008 年第 10 期。

2 阮卫萍：《清宫后妃首饰概说》，选自故宫博物院编《故宫经典——清宫后妃首饰图典》，北京：故宫出版社，2012 年。

3 严勇、房宏俊著，故宫博物院编：《天朝衣冠——故宫博物院藏清代宫廷服饰精品展》，北京：紫禁城出版社，2008 年。

4〔清〕乾隆三十一年钦定：《皇朝礼器图式（钦定四库全书荟要）》，长春：吉林出版社，2005 年。

5 蔡子谔：《中国服饰美学史》，石家庄：河北美术出版社，2001 年。

6 吴山：《中国历代服装、染织、刺绣辞典》，南京：江苏美术出版社，2011 年。

7 陈娟娟：《浅析清代服饰图案的审美特征及应用》，《科学大众（科学教育）》2012 年第 11 期。

8 王晓光：《关于中国古代服饰的等级观念问题》，《黑龙江社会科学报》2007 年第 4 期。

9 刘潞：《服饰与皇权——为故宫博物院赴澳大利亚“清宫服饰展”而作》，《故宫博物院院刊》1989 年第 2 期。

10 杨素瑞：《清代宫廷服饰色彩考析》，《丝绸》2014 年第 5 期。

沙皇	生卒年	在位时间	备注
米哈伊尔·费奥多罗维奇·罗曼诺夫	1596—1645	1613—1645	罗曼诺夫王朝第一代沙皇。
阿列克谢·米哈伊洛维奇·罗曼诺夫	1629—1676	1645—1676	米哈伊尔·费奥多罗维奇之子。
费奥多尔·阿列克谢耶维奇·罗曼诺夫	1661—1682	1676—1682	阿列克谢·米哈伊洛维奇之子。
伊凡五世 阿列克谢维奇·罗曼诺夫	1666—1696	1682—1696	阿列克谢·米哈伊洛维奇之子。与其弟彼得一世同时即位，由其姐索菲娅公主（1657—1704）摄政。1689年彼得一世亲政。
彼得一世（彼得大帝） 彼得·阿列克谢耶维奇·罗曼诺夫	1672—1725	1682—1725	阿列克谢·米哈伊洛维奇之幼子。1721年将俄罗斯正式改称为“俄罗斯帝国”，任俄罗斯第一任皇帝。
叶卡捷琳娜一世 玛尔塔·斯卡乌龙斯卡娅	1684—1727	1725—1727	彼得一世第二任妻子，改名叶卡捷琳娜·阿列克谢耶芙娜。1725年加冕成为俄罗斯帝国女皇。
彼得二世 彼得·阿列克谢耶维奇·罗曼诺夫	1715—1730	1727—1730	彼得一世之孙。彼得二世是俄罗斯罗曼诺夫王朝父系直系继承人中的最后一个皇帝。
安娜一世 安娜·伊万罗芙娜	1693—1740	1730—1740	伊凡五世之女，彼得大帝的侄女。
伊凡六世	1740—1764	1740—1741	安娜·伊万诺芙娜外甥女、梅克伦堡的安娜·利奥波德芙娜和布伦瑞克的安东·乌尔里希之子。
伊丽莎白女皇 伊丽莎白·彼得罗芙娜	1709—1762	1741—1762	彼得一世与叶卡捷琳娜一世之女。
彼得三世 卡尔·彼得·乌尔里希	1728—1762	1762	彼得一世的外孙，伊丽莎白姐姐之子。荷尔斯泰因-哥道普公爵卡尔·腓特烈和彼得一世的女儿安娜·彼得罗芙娜之子。
叶卡捷琳娜二世（叶卡捷琳娜大帝） 索菲娅·弗雷德里卡·奥古斯塔	1729—1796	1762—1796	彼得三世之妻，改名叶卡捷琳娜·阿列克谢耶芙娜。她是俄国人心目中仅次于彼得大帝的一代英主，被尊称为“叶卡捷琳娜大帝”。
保罗一世	1754—1801	1796—1801	彼得三世与叶卡捷琳娜二世之子。
亚历山大一世	1777—1825	1801—1825	保罗一世之长子。1812年卫国战争中战胜拿破仑，被视为“欧洲的救世主”。
尼古拉一世	1796—1855	1825—1855	保罗一世第三子。
亚历山大二世	1818—1881	1855—1881	尼古拉一世之长子。
亚历山大三世	1845—1894	1881—1894	亚历山大二世之次子，史称“和平制造者”。
尼古拉二世	1868—1918	1894—1917	亚历山大三世之子，俄罗斯帝国末代沙皇。

皇帝	生卒年	在位时间	备注
清太祖 爱新觉罗・努尔哈赤	1559—1626	1616—1626	父塔克世追尊为显祖，母喜塔腊氏追尊为宣皇后。明万历四十四年（1616），于赫图阿拉（今辽宁新宾西南）建立“大金”国（后金），自立为汗，建元天命。
清太宗 爱新觉罗・皇太极	1592—1643	1627—1643	清太祖努尔哈赤第八子，母叶赫那拉氏，即孝慈高皇后。天聪十年（1636）称帝，国号清，改元崇德。
清世祖 顺治皇帝 爱新觉罗・福临	1638—1661	1644—1661	清太宗皇太极第九子，母永福宫庄妃博尔济吉特氏，即孝庄文皇后。顺治元年（1644）建立起对全国的统治，为清入关后的第一位皇帝。
清圣祖 康熙皇帝 爱新觉罗・玄烨	1654—1722	1662—1722	清世祖顺治皇帝第三子，母佟佳氏即孝康章皇后。康熙皇帝玄烨是 18 世纪前后中国出现的一位伟大的封建君主。就像他治理了 61 年的中国是个多民族国家一样，他本人就是多民族的血缘与文化的杰作。
清世宗 雍正皇帝 爱新觉罗・胤禛	1678—1735	1723—1735	清圣祖康熙皇帝第四子，母乌雅氏即孝恭仁皇后。
清高宗 乾隆皇帝 爱新觉罗・弘历	1711—1799	1736—1795	清世宗雍正皇帝第四子，母孝圣宪皇后钮祜禄氏。乾隆六十年（1795），禅位于其子颙琰，自称太上皇，但仍训政。他不仅是中国历史上寿命最长的皇帝，而且也是实际执政时间最久的皇帝。
清仁宗 嘉庆皇帝 爱新觉罗・颙琰	1760—1820	1796—1820	清高宗乾隆皇帝第十五子，母贵妃魏佳氏，追尊为孝仪纯皇后。
清宣宗 道光皇帝 爱新觉罗・旻宁	1782—1850	1821—1850	清仁宗嘉庆皇帝第二子，母孝淑睿皇后喜塔腊氏。
清文宗 咸丰皇帝 爱新觉罗・奕詝	1831—1861	1851—1861	清宣宗道光皇帝第四子，母孝全成皇后钮祜禄氏。
清穆宗 同治皇帝 爱新觉罗・载淳	1856—1874	1862—1874	清文宗咸丰皇帝独子，母为懿嫔叶赫那拉氏，即慈禧皇太后。
清德宗 光绪皇帝 爱新觉罗・载湉	1871—1908	1875—1908	生父为醇亲王奕譞，生母叶赫那拉氏，为慈禧皇太后亲妹。
宣统皇帝 爱新觉罗・溥仪	1906—1967	1909—1911	生父为醇亲王载沣，生母苏完瓜尔佳氏。他一生几经波折，年仅 4 岁即被慈禧皇太后立为皇太子，在光绪皇帝逝后即帝位。

图书在版编目（CIP）数据

帝国盛世：沙俄与大清的黄金时代 / 南京博物院编．—南京：译林出版社，2017.6
ISBN 978-7-5447-6939-6

Ⅰ．① 帝… Ⅱ．① 南… Ⅲ．① 皇室—文物—中国—清代—图集 ② 皇室—文物—俄罗斯—近代—图集 Ⅳ．① K871.492 ② K885.12-64

中国版本图书馆 CIP 数据核字 (2017) 第 097621 号

帝国盛世——沙俄与大清的黄金时代

编　　者：南京博物院
策划编辑：张　遇
责任编辑：费明燕
书籍设计：郭　凡
校　　对：葛璐娜
责任印制：董　虎

出版发行：译林出版社
出版社地址：南京市湖南路1号A楼，邮编：210009
电子邮箱：yilin@yilin.com
出版社网址：http://www.yilin.com
集团地址：南京市湖南路1号A楼，邮编：210009
集团网址：凤凰出版传媒网 http://www.ppm.cn
印　　刷：上海雅昌艺术印刷有限公司
开　　本：889毫米×1194毫米　1/16
印　　张：16.5
版　　次：2017年6月第1版　2017年6月第1次印刷
书　　号：ISBN 978-7-5447-6939-6
定　　价：288.00元